U0669141

去探险
亚历山大·冯·洪堡
科学发现之旅

[德] 福尔克尔·梅内尔特　著
[德] 克劳迪娅·利布　绘
曹明珏　译

北京科学技术出版社
100 层 童 书 馆

图书在版编目 (CIP) 数据

亚历山大·冯·洪堡科学发现之旅 /（德）福尔克尔·
梅内尔特著；（德）克劳迪娅·利布绘；曹明珏译 . --
北京：北京科学技术出版社，2024.6
（去探险）
ISBN 978-7-5714-3764-0

Ⅰ . ①亚… Ⅱ . ①福… ②克… ③曹… Ⅲ . ①人文地
理—世界—少儿读物 Ⅳ . ① K901-49

中国国家版本馆 CIP 数据核字（2024）第 053763 号

Author: Volker Mehnert
Illustrator: Claudia Lieb
Title: Alexander von Humboldt oder Die Sehnsucht nach der Ferne
Copyright © 2018 Gerstenberg Verlag, Hildesheim, Germany
Chinese language edition arranged through HERCULES Business & Culture GmbH, Germany
Translation copyright © 2024 by Beijing Red Dot Wisdom Cultural Development Co.,Ltd
All rights reserved

著作权合同登记号　图字：01-2024-0964
本书地图系原书插附地图，审图号为 GS 京（2024）0260 号

特约策划：红点智慧
策划编辑：谭振健
责任编辑：郑宇芳
营销编辑：赵倩倩
责任校对：贾　荣
责任印制：吕　越
出 版 人：曾庆宇
出版发行：北京科学技术出版社
社　　址：北京西直门南大街 16 号
邮政编码：100035
电　　话：0086-10-66135495（总编室）　0086-10-66113227（发行部）
网　　址：www.bkydw.cn
印　　刷：北京顶佳世纪印刷有限公司
开　　本：889 mm×1194 mm　1/16
字　　数：115 千字
印　　张：8.5
版　　次：2024 年 6 月第 1 版
印　　次：2024 年 6 月第 1 次印刷
ISBN 978-7-5714-3764-0

定　　价：88.00 元

京科版图书，版权所有，侵权必究。
京科版图书，印装差错，负责退换。

目 录

contents

法国
波尔多
1804年8月1日

拉科鲁尼亚
1799年6月5日
西班牙

1804年6月—7月

美国
费城
华盛顿

墨西哥
墨西哥湾
墨西哥城
韦拉克鲁斯
1804年3月
阿卡普尔科

大 西 洋

哈瓦那
特立尼达
古巴

特内里费岛

1800年12月

加拉加斯
委内瑞拉
卡塔赫纳
哥伦比亚
库马纳
安戈斯图拉

1801年3月

1799年6月—7月

太 平 洋

圣菲波哥大
基多 厄瓜多尔 圣卡洛斯
钦博拉索山
瓜亚基尔

1803年2月—3月

六分仪

秘鲁
利马

科考旅行
1799—1804

序言

普鲁士

18世纪末，德意志地区分裂成许多小诸侯国和领地。随着时间推移，普鲁士王国凭借其强大的军事实力和巧妙的外交手腕获得了越来越多的权力。北部和东部的小国家有的被它占领，有的自愿加入普鲁士王国。1871年，德意志帝国成立，普鲁士国王威廉一世登基，成为德意志帝国的皇帝。

1827年12月，普鲁士王国首都柏林。人们挤在大学门口，就连骑警也控制不住附近几条街道上混乱的交通。除聚在一起的几位学者和他们的学生外，突然间还涌入了成百上千个人。那里到底发生了什么？

原来有个男人在作报告，半座城市的人都想听他讲话。以前从没有出现过这种情况。这个男人就是亚历山大·冯·洪堡。他不是个叙述枯燥学术内容的演讲者，相反，他是一个极具吸引力的讲故事高手，说话随性而生动，往往不用稿子，就能把故事娓娓道来。

亚历山大向大家讲述了他在北美洲和南美洲的冒险经历，还介绍了热带原始森林和热带地区的民族。他能把关于海洋和宇宙、地质史和气候、磁学和电学的知识讲得

引人入胜。

在长达半年的时间里，他每周都要作好几次报告，而且这些报告都十分精彩。这件事很快就在城里流传开，所有人都想看看他，都想听他讲话，都想早点儿占到位置。他的听众来自各个社会阶层，有教师，有大学生，有手工业者，也有仆人，甚至还有普鲁士国王！当时没资格上大学的妇女也被允许到场了！每次他作报告的时候，所有人都能免费入场，听众的反响总是很热烈，教室很快就挤不下了。所以，亚历山大后来还会去歌唱学校作报告，那里的礼堂至少可以容纳 1000 人。

亚历山大演讲的地方正在发生着划时代的变化：此前高高在上的、少数人才能接触的科学，随着一场变革的到来，一下子变成了每个人都能接触到的、通俗易懂的东西。亚历山大·冯·洪堡无疑是这场变革中最光芒四射的英雄，他成了整个 19 世纪最著名的科学家之一。当亚历山大还是个小男孩的时候，他一定想不到自己将来会有这样的成就……

爱冒险的男孩

"你又跑去花园里玩你那些甲壳虫和花了吗？"家庭教师严厉地责备小亚历山大。这个小男孩本应埋头看书学习的，可他却整天醉心于石头、昆虫和各种植物，导致考试成绩很不理想，父母甚至担心他的脑子不好使。

　　大家总拿亚历山大和大他两岁的哥哥威廉作比较，这其实并不公平，因为亚历山大和哥哥共用一个家庭教师，他必须和勤勉上进的哥哥学习一样的内容，难免有时会跟不上。此外，他很腼腆，身体还有些虚弱。尽管如此，他在学业方面最终还是取得了成功。

　　亚历山大内心深处真正感兴趣的东西完全不同于哥哥。哥哥威廉热爱文学和哲学，喜欢学习包括拉丁语和希腊语在内的各种语言。亚历山大则对大自然充满好奇。洪堡兄弟住在位于柏林的泰格尔宫。他们的父亲是普鲁士国王宫廷里的军官和大管家，能够担负起生活在一栋十分宽敞的房子所需的开支。平时，瘦巴巴且沉默寡言的小亚历山大就在这座宫殿的花园里寻找植物和小动物。

　　后来，亚历山大长大了一些，他也还是更喜欢待在户

外。他总是在路上奔波。"这孩子太爱冒险了。"几个家庭教师都这么评价他。他特别爱去柏林植物园，那里的棕榈树，还有其他来自热带地区的巨型树木，都让他惊叹不已。所以，他十分向往远方的那些热带国家。要是能亲自去这些植物的原产地看看，那该多好啊！

在家里，他如饥似渴地阅读他能找到的所有游记。曾经乘船环游世界的英国航海家詹姆斯·库克的冒险故事令他十分着迷。不过，对于那时的亚历山大而言，学习植物学或者进行长途旅行是绝不可能的事。因为自父亲突然去世以后，严厉的母亲就完全接管了两个儿子的教育。她规定，亚历山大必须学习官房学①和国民经济学。

直到成为哥廷根大学的学生后，他的探索精神才终于有了付诸实践的机会。能够结识格奥尔格·福斯特让他开心不已，因为格奥尔格·福斯特曾跟着库克船长在大海上航行了3年之久。在他之前，还没有任何一个普鲁士人像格奥尔格一样见过世界上这么多的人和事物，他讲述自己那次海上远行的自传曾畅销一时。格奥尔格向亚历山大讲述了他在遥远的国度，以及在南太平洋无名小岛上的种种经历。他的

哥哥也是名人

威廉·冯·洪堡不像他弟弟一样去过世界上的那么多地方，但也是一位很有名望的学者。他十三岁就能说一口流利的拉丁语、希腊语和法语，后来还学习了英语、意大利语、西班牙语、捷克语和匈牙利语。他曾作为普鲁士的外交官在巴黎、罗马和维也纳跟外国政府谈判。在柏林，他担任教育部长一职，负责构建一套现代化的教育体系。柏林的第一所大学，也是由他创立的。从1949年起，这所大学开始用他们兄弟二人的名字命名——柏林洪堡大学。

---

① 官房学是流行于16~18世纪德意志地区的一种重商主义学说，当时有一批学者被国王选为财政金融顾问。这些学者称为官房学者，其学派称为官房学派。

"从青年时代早期开始，我一直热切地期盼着，能去遥远的、欧洲人很少涉足的国家旅行。"

描述让亚历山大对那些遥远的地方愈发心驰神往。

他们从较近的地方开始旅行：年轻的大学生亚历山大和格奥尔格一起去了莱茵河下游地区，以及荷兰、英国和法国。在英国首都伦敦，最令亚历山大感兴趣的是停靠在港口的大量船只。船上满载着来自世界各地的糖、茶叶、香料，以及来自热带国家的其他货物。这使得亚历山大对远方的向往之情越来越强烈。

可惜一回到家中，他旅行的兴致就被一扫而空。母亲希望他不要再胡闹，命令他："你要找一份稳定的工作。"亚历山大被要求像他父亲一样到普鲁士王国的国家机关当个公务员。他既不想让母亲失望，也不想完全放弃自己的爱好，所以选择来到弗莱贝格矿业大学（现名为弗莱贝格工业大学）继续他的学业。在矿业大学，他可以继续钻研心爱的自然科学，毕业后还能在国家机关找到工作。地球肚子里发生的一切都让他着迷。他既不是从书本上，也不是从老师那里获得相关知识，而是亲自在最狭窄阴暗的矿井里爬来爬去。对于亚历山大而言，蕴藏在地下的岩石、金属、矿物和煤气像是有神奇的魔力，吸引着他去进行深入细致的研究。

22岁那年，亚历山大大学毕业，获得了一份矿井监察员的工作。他的任务是监督煤矿、盐矿和金矿开采，并提升它们的产量。此外，这位不知疲倦的年轻人不仅编写教材，还为矿工们建立了一所学校。在这段时间，他还显露出发明创造的天赋——他发明了一种新型矿灯和一种面具，作为辅助设备，它们能有效地保护从事危险工作的矿工。

由于表现优异，亚历山大很快就升职了，在国家机关的前途可以说是一片光明。现在的他，是身穿制服的普鲁士公务员，从前那个整天做梦的小亚历山大，如今成了洪堡家族令人尊敬的男爵，或许有一天，他还能当上国王宫廷里的部长！

　　可是后来，亚历山大的母亲患上了癌症，在经受了长期的病痛折磨后，于1796年去世。从她那里，洪堡两兄弟继承到一大笔财产，于是亚历山大立刻辞去了矿井监察员的工作。所有亲戚都大吃一惊。他宣布："我要去旅行了，我想去看看世界，想驾驶着帆船穿越海洋。"然而，事情并不像他所想的那样简单。

告别欧洲

从哪里出发去美洲？

　　亚历山大现在是个富豪，大千世界，任何地方都去得起。但他该去哪里旅行呢？像朋友格奥尔格·福斯特一样向南太平洋进发？或者去加勒比海上的岛屿？又或者去西伯利亚？还是该去非洲或美洲呢？

　　亚历山大把去哪里的问题先放到一边，打算稍后再决定，因为他要先为计划好的自然科学研究准备必需的器材——温度计和气压计，分别用来测量温度和气压；显微镜，用来研究植物和昆虫；望远镜，用来观察天空；指南针和六分仪，用来定位。

　　亚历山大带着他贵重的行李先去了一趟意大利和瑞士。一是为了测试仪器；二是为了从事植物学、动物学、地质学和天文学方面的研究。他一直在路上，风雨无阻。同时，他还阅读一些介绍最新科研成果的旅行报告和书籍，跟当时最著名的学者们保持交流。经过这样一番充分的准备后，他终于踏上了漫长的旅途。

　　当时整个欧洲大陆还处在动荡之中。1789 年，法国人民发起反对国王的大革命，对"自由、平等和博爱"的追求预示着一个崭新时代的来临。亚历山大也对这些进步思想充满热情。然而，为全人类创造更好时代的愿望并未实现。1804年，拿破仑登基成为法兰西帝国皇帝，并开始征服欧洲。这导致了各大国之间的战争——英国、普鲁士、奥匈帝国、西班牙和法国相互对抗，士兵在大地上哀嚎，战舰在海洋中咆哮。这种状况对环球旅行的人来说可不是什么好事。

拿破仑

1789年，法国人推翻了路易十六的统治，并废除了君主制。但国家很快就陷入一片混乱。一个名为拿破仑·波拿巴的将军充分利用了这个机遇：1804年，他将自己加冕为皇帝，并许诺会让法国变得安定有序。但与事实相反的是，他随即开始大规模的派兵行动，展开了无休止的战争，甚而成功征服了大半个欧洲。1815年，法国在滑铁卢战役中输给了英国和普鲁士，拿破仑被废黜，并被流放到大西洋上的一个小岛。

正在这时，亚历山大意外得知，尼可拉斯·包丁船长手下的一支法国探险队准备要去南极。于是他立即前往法国，希望探险队能捎上他。但刚一到法国就有人告诉他，探险队的行程因为经费不足取消了。紧接着，他又听说，另一个探险队要从法国南部的港口城市马赛出发去北非。"那么我就去马赛。"他自言自语。此时的他没有预料到，之后将多次被迫临时改变旅行计划。

在旅途中，亚历山大并不孤单，因为他在巴黎结识了一位名叫埃梅·邦普兰的法国青年科学家，他们俩住在同一栋房子里。埃梅曾在法国海军部队做过医生，但他真正感兴趣的其实是植物学。最重要的是，他同样无比向往远方。所以毫无疑问，这两个年轻人很快就成了朋友。

"我们肯定会是一对好搭档。"亚历山大说。

这个法国人却遗憾地说："可惜我根本没有钱。"

亚历山大回答："别担心，费用我来负担。"

于是埃梅欣然同意，并开始打包行李。不过，他们还是不确定什么时候可以出发。

一段奇特的友谊就此开始了。为何说是"奇特的友谊"呢？亚历山大很守规矩，全身心地投入工作和科研；而埃梅则喜欢享受生活，他爱喝葡萄酒，爱看漂亮的女孩。当亚历山大不知疲倦地工作，每天只能睡几个小时的时候，埃梅却想着如何去晒太阳放松。因此，他们之间经常发生激烈的争吵，但这却没有伤害到他们的友谊。

原本预订好的船只不见踪影。他们只好一直在马赛等待，最后却

得知那船不会来了，因为它在一场风暴中严重受损。这真是令人绝望的消息，还好亚历山大没有丧失信心。他对同伴说："我们去西班牙试试吧，或许从那里可以顺利出发。"

在去西班牙的路上，亚历山大通过测量山高、河宽、气温和气压来反复测试仪器，埃梅则采集花草的标本。他们最后到达西班牙首都马德里。在这里，西班牙国王卡洛斯四世统治着一个庞大的世界性帝国——当时，西班牙帝国拥有遍布全球的殖民地，是比大英帝国更早的第一代日不落帝国。

西班牙在亚洲和美洲都拥有殖民地，为了提防间谍活动，一般不会允许外国人到它的殖民地旅行。但亚历山大用极具说服力的方法成功取得了国王卡洛斯的信任——他向国王承诺，返程时为马德里的皇家花园带回一些热带植物。而且，他掌握采矿方面的知识，一定能为西班牙在美洲的金银矿开采提供协助。再加上旅行费用由亚历山大自己负担，国王最终被说服了，他发给亚历山大和埃梅所有殖民地的旅行护照。西班牙美洲殖民地的所有官方部门都必须友好地接待他们，并为他们提供一切可能的协助。必要时，他们甚至可以搭乘西班牙的船只。

这是有史以来第一次有外国人被允许在西班牙的殖民地上自由地、畅通无阻地旅行。

"在动身前往西班牙的美洲殖民地前，我遇到了很多阻碍。很少有旅行者像我这样，要克服这么大的困难。"

"此前，西班牙政府还从未如此相信过一个外国人。对亚历山大而言，这是种荣幸。"

1799 年，在西班牙的港口城市拉科鲁尼亚，亚历山大和埃梅一起登上"皮萨罗"号邮船出海了。此时的亚历山大刚好 30 岁。他们此行的目的地是位于加勒比海的岛国古巴，携带的木箱里除了装着40 多件仪器外，还有工具、写字用纸以及装矿物、种子、花朵和土壤采样的容器。期盼已久的科考旅行终于开始了。

特内里费岛的火山

加那利群岛归西班牙人所有，大部分在大西洋上航行的船只都会到这些岛屿休整，"皮萨罗"号也不例外。当船慢慢靠近群岛时，亚历山大带着他的望远镜站在甲板上，他失望地对船长说："雾太大了，什么也看不见！"

船长说："再耐心等等。"

果然，船继续向前航行一段距离之后雾就散了。加那利群岛中最大的特内里费岛和岛上的泰德峰火山出现在亚历山大面前。清晨的第一缕阳光在他们面前展现出一幅特别的景象：起初，光只照在山顶上，然后慢慢向下，扩散到海岸上。

亚历山大郑重地说："我们一定要到山上去。"

船长表示愿意在这里稍作停留，并提醒说："您不能花费太多时间，我们距离美洲还很远呢！"

亚历山大和埃梅必须动作快点儿，所以他们想在岛上找个熟悉山路的向导，但似乎还没有任何当地人爬过这座火山。

泰德峰海拔 3 718 米，是西班牙最高的山峰。它的山坡很陡峭，有些地方还有热气从地底下冒出来。大家问他们："你们要上山干什么？那里尽是岩石和雪，还有散发出像腐败的鸡蛋一样硫黄臭味的浓烟。你们在那儿什么都找不到，连水都没有。"

甚至有的人认为，火山口是通往地狱的大门，那里被邪恶的幽灵统治着。

不过，亚历山大和埃梅最后还真找到了几个帮手。因为可以获得丰厚的报酬，这些人愿意帮他们把沉重的设备搬上山去。上山途中，埃梅仔细观察遇到的每一种植物，有些还被他剪下收集起来。有几种植物他不但从未见过，而且在之前的植物学研究中也完全没听说过。这也难怪，因为这几种植物只有加那利群岛上才有。让埃梅印象深刻的是，他第一次见到了野生的棕榈和香蕉。对随行的帮手们而言，野生棕榈和香蕉树是再普通不过的东西，所以他们都很讶异——但没有表现出来——竟然有人对如此稀松平常的东西感到惊奇。

每当亚历山大停下来研究各种岩石并采集样本，帮手们就变得很执拗。他们问："这个器材这么重，为什么你走到哪儿我们就要把它搬到哪儿？"每隔 10 分钟，他们就要求休息一次。亚历山大不得不一而再，再而三地鼓励他们继续。但鼓励也没用，只有许诺酬金，他们才愿重新开始干活。

大家越爬越高，山下只有零星的几只山羊和家兔还依稀可辨。从生长着翠绿色亚热带植物的山脚下开始，他们不断穿越新的植被区。

"这就好比从赤道到北极的旅行。"亚历山大向朋友解释，"我们爬得越高，气温就越低，

从地球肚子里冒出的火

高压和高温使地球内部的岩石熔化成浆。我们把这种炙热的液体称为岩浆。它会从地表的裂缝或破口冒出来。有时岩浆会慢慢地溢出来，形成炽热的浆流——熔岩。熔岩在空气中冷却，会逐渐堆积成一座锥形的山——火山。如果地球内部的压力特别大，火山就会爆发——气体、灰烬和巨大的岩石从火山口喷出，飞到几千米高的高空中。

—— 泰德峰

特内里费岛

25

"我们站在火山顶上，天空的蔚蓝色令人赞叹不已。"

在旅途中，亚历山大用这种天空蓝度测定仪（又称天蓝仪或蓝度计）来测定天空的颜色。

植物就越稀少。"

到最后，他们完全看不见任何植物。就算是对环境要求最低的植物也无法承受这里的寒冷气候和大风。此刻，他们正跌跌跄跄地走在一个乱石堆上。行走卷起的灰尘给他们带来不少麻烦，他们前进的速度很慢。他们偶然遇到一些熔岩——因某次火山爆发而从地球内部喷出来的遇冷凝固的岩浆。他们在熔岩上行走时，锋利的熔岩边缘会切入鞋底。

天色渐暗，夜幕降临，看来他们得在野外过夜了。他们既没有暖和的大衣，也没有帐篷。虽然时值盛夏，而且泰德峰地处热带边缘，但夜里依然很冷。"只有5摄氏度。"亚历山大从温度计上读到。那几个随从开始发牢骚，嘴里骂骂咧咧。

大家刚休息到第二天凌晨3点，就用火把照着继续向上爬。途中有个随从跌倒，打破了水瓶。要知道，亚历山大不可能再重新收集到水了，因为泰德峰顶覆盖着皑皑白雪，没有液态水，而且他们此时已经靠近峰顶的雪线，再也望不到山谷和海岸线。他们已经爬得比云层还高，只见经过一夜又重新聚集起来的云朵向远处延伸，形成一片白色的海洋。

他们终于登顶了。这里到处是火山灰和碎石。云层已经逐渐消散，他们能看清整个岛屿：最下层是有人居住的村庄和田野，逐级往上是各个不同的植被区。整个特内里费岛看起来就像是一座从广阔海洋中升起的大山。加那利群岛的其他岛屿也出现在地平线上——大加那利岛、兰萨罗特岛、富埃特文图拉岛、拉帕尔马岛和戈梅拉岛。

"太美妙了！"埃梅大声呐喊，他无法将目光从天空和大海上移开。亚历山大的感触也很深，因为泰德峰是他攀登的第一座火山。但这不会是唯一的一座，接下来几年，他将登上更多的火山。

在求知欲的驱使下，亚历山大往火山口里爬了一截，这一举动可把随行的人吓坏了。亚历山大什么都想知道——好不容易才来到峰顶，怎么能不再向前走一点儿呢？尽管现在太阳高照，他还是觉得特别冷，因为火山口总有阵阵寒风吹过。而一些有裂缝的地方却又冒着滚烫的蒸气，人靠近就会被烫伤皮肤。除了采集石头标本，亚历山大甚至还在一个小瓶子里装了些气体，以便回到船上后对火山口的气体进行化学分析。

现在是时候回去了。下山和上山一样费劲，因为他们走在松散的火山灰上总是摔跤。那些随从为了能走得轻松些，悄悄扔掉了许多亚历山大好不容易才搜集到的石头，等他发现的时候为时已晚——他们的船早已扬起风帆，船长也已经下令准备启航。眼见船马上就要开了，亚历山大和埃梅吓了一跳，只好赶紧冲上船。船长说："我们必须趁现在风好赶紧出发。我们前面的路还长着呢。"

穿越大西洋

亚历山大和埃梅是第一次乘船航行在美洲和非洲之间的这片海洋上。在长达 3 个星期的时间里，他们完全看不到陆地。头几天，船的四周还有些加那利群岛的鸟儿在飞翔。渐渐地，小鸟落后了，离船越来越远。海上风速均匀恒定，水手们基本不必调整船帆。

"船平稳得像是在河面上航行啊。"亚历山大注意到。他回想起以前坐船经北海到英国的经历——那一次风浪特别大。

船长回应他说："是啊。所以从 300 年前起，几乎所有去美洲的西班牙船只都会选择这条航线。"

但是，等将来返回西班牙的时候，他们必须选择一条更靠北的线路。不过当下，亚历山大还不想考虑返航的事。他满心期待着下一个目的地。

其实不用等到下个目的地，这趟旅行现在就动人心魄。除了定期测量气温和水温，亚历山大还会测定空气湿度和海流规律。他习惯把所有测量结果都认真记录到笔记本上。

亚历山大听见海员们在私下讨论一种危险的旋涡，据说这种旋涡会把船拖到海底。所以他提高了测量海洋活动的频率，可是没有发现任何危险，大海还是一如既往地平静。于是，他在笔记里写道："全都是幻想和迷信。"

某天早晨，站在船舷栏杆旁的亚历山大忽然看到有鱼从水里飞

"在与世隔绝的海上，
人们只能跟星星打招呼，
就像问候朋友一样。"

南十字座
——对远方的向往

南半球的星空看起来跟欧洲的不同！因为人们从不同的角度仰望宇宙。南半球最著名的星座是南十字座，因为借助南十字座可以确定哪边是南，从前，海员就是靠它在海上辨别方向。但在欧洲根本看不到这个星座。因此，南十字座成了去热带地区旅行的象征，也象征着人们对远方的向往。

出来，而且飞到了离水面三四米高的地方，他简直不敢相信自己的眼睛。这些鱼，有的被大型海鸟抓走了，有的则落到了船的甲板上——亚历山大当然不会放过这个好机会，他立刻开始仔细研究这种奇特的海洋生物。他发现，这种鱼的鱼鳔（俗称"鱼泡"）特别大，而且里面装的都是气体，所以它们比别的同体型的鱼要轻得多，可以毫不费力地跃出水面。

夜里的风景是最美的。船越向南航行，星空的变化越大。欧洲人熟悉的星座消失了，天上出现新的星座。海上的空气清新干净，所以星座很易识别。亚历山大第一次看到了南十字座。他的朋友格奥尔格·福斯特以前经常跟他提起南十字座，他早就想亲眼看看。可以说，他青年时代的一个梦想现在终于成真了！

"皮萨罗"号上的海员已经看过好几次南十字座，在他们眼里，它就像个老熟人。尽管如此，海员们还是会为看到它而感到高兴。因为南十字座出现在天空中，意味着他们马上就能再见到加勒比海岛国古巴的热带海岸，还能到那里阳光明媚的沙滩上游玩。船只逐渐靠近美洲大陆，似乎已经成功避开海上航行的各种潜在危险——事实却并非如此，在海员和乘客中暴发了一种危及生命的发热症。甲板下的船舱通风不好，特别闷热。亚历山大说："大家需要新鲜空气。"他自己几乎只待在甲板上。船上没有特效药，这种传染性的发热症很快就

信风

18 世纪末的船只都没有安装发动机。船之所以能向前航行，靠的是帆，所以风的好坏至关重要。船只横越大西洋时，海员利用的是信风。

蔓延开了。当务之急是尽快靠岸，把病人送到医院里。因此，船长决定暂时先不去古巴，转而向距离最近的海岸航行。可最近的海岸在哪里呢？

当时的航海图还很不准确，有些甚至是错的。船上的西班牙、法国和英国航海图在一些位置还相互矛盾。亚历山大借助仪器确定了他们所在的位置。他说："我们离新安达卢西亚（即今天的委内瑞拉）的库马纳港口不远。"不过船长更相信自己的经验，用一个微笑否定了亚历山大的预测，他并不相信船已经离南美洲的海岸这么近。但事实证明亚历山大才是对的，从拉科鲁尼亚出发后的第 41 天，他们透过云雾认出了新安达卢西亚的山脉。

船逐渐靠近库马纳的时候，他们看到沙滩上的椰子树随风摇曳。热带的阳光强烈耀眼，空气酷热难当；鹈鹕、苍鹭和火烈鸟在四周飞翔，带来全新世界的第一个问候。虽然亚历山大和埃梅都躲过一劫，没有发热，但染病的风险依旧存在，他们不愿再继续跟着"皮萨罗"号去古巴了。亚历山大宣布："我们要再一次改变计划！还好我们已经习惯了。"

"在这种气候中，大自然似乎更有活力，更多产，甚至可以说是太过于生机勃勃了。"

委内瑞拉

在南美洲的第一步

经过一路的相处，亚历山大和埃梅已经成了好朋友。在库马纳，他们刚上岸就惊叹不已。作为植物学家，埃梅认识的植物已经够多了，但岸边的景象还是让他倍感震惊："居然有这么多奇特的乔木、灌木和花！"

确实，这里的一切都是全新的、迥异于以往的。这是一个让人眼花缭乱的仙境，无数生命在这里萌芽、绽放，山脉、河流和植被都宏伟壮观，大自然如此狂野茂盛地生长着，人得费很大力气才能在丛林中开辟出一条前进的路来。这对搭档还从来没见过类似的景象。

库马纳是委内瑞拉的港口城市，两人进城找地方住了下来。无论天气多么湿热，他们还是每天都从住处出发，去周边远足。有时，他们会沿着沙滩散步，岸边的棕榈树在风中沙沙作响，羽状树叶的轮廓被蓝色的天空衬托得分外清晰；有时，他们会爬上丘陵和山岭，这里有响尾蛇出没，更有长满刺的仙人掌密密麻麻地连成一道道无法穿越的墙，所以他们必须多加小心；有时，他们会划着独木舟，在有海豚和鳄鱼出没的水里穿行，空中还盘旋着鹈鹕、苍鹭、信天翁、秃鹫、大群彩色鹦鹉和蝴蝶；有时，他们会爬进山洞，探访成千上万只在这里筑巢的、习惯夜出活动的鸟儿。入夜以后，他们会去观测星星。这里的星空和他们之前在大海上看到的又不一样，他们还看到流星划过夜空，在四周飞舞的无数萤火虫也很讨他们喜欢。

不过，深入热带雨林才是他们最爱做的事。雨林中的植物多得快要挤爆了，简直是应有尽有——参天大树上长满青苔、兰花和攀缘植物，以至于不管树多么高大，人们都很难辨认出它的种类；竹子和粗壮的蕨类植物几乎把路完全给堵住了；树冠上的枝叶十分浓密，挡住了大部分阳光，所以就算在白天，雨林里也是昏暗的，徒步者抬头看不见天。有件事让埃梅很烦恼——很大一部分植物他不能采样带走。因为许多树最矮的树枝都距离地面 20 米，他怎么够得到树上的叶子、花朵和果实呢？

亚历山大和埃梅逐渐适应了这里的高温。当温度计只显示 20 摄氏度时，他们甚至会像当地人一样觉得很冷。这里每天下午都会有暴雨，可惜连续两小时的倾盆大雨只能带来片刻清凉，空气很快就会恢复之前的闷热。这一点让埃梅很不满意。亚历山大向他解释："在热带地区，这种天气会持续好几个月呢，你必须适应。"

热带

热带地区位于赤道的南北两侧。由于海拔和季节的差异，郁郁葱葱的热带雨林、干燥的热带草原和白雪皑皑的山脉都可能出现在热带地区。不过只有在少数国家，这三种景观才是共存的。委内瑞拉就是其中之一。

"你将意识到，这是一个只培育植物和动物的世界。它从不为人类的喜悦欢呼，也不为人类的痛苦悲叹。"

当地人很讶异——这两个外国人居然这么有活力，行动力这么强。当地人最多只会沿着海边的木板路散步，并不会像他俩一样到处跑。天气这么炎热，人们最爱去河里凉快凉快。傍晚时分，成年人会把椅子放进水里，然后坐着聊天，直到深夜。孩子们更夸张，他们的大部分时间都是在水里度过的。

亚历山大的那些仪器引发了当地人的好奇心。既然这个外国人在这里没有土地，也不想在这里购买土地，那他为什么还要把所有地方都测量个遍呢？他是在找金子吗？他们无法理解，为什么有人长途跋涉来到这里，只是为了采集植物标本和观测星星。尤其让他们吃惊的是，竟然有人不仅仅是观赏和赞叹自然景观，或是考虑怎么利用自然资源，反而更想了解大自然的运转方式。

有一天晚上，亚历山大和住宿处的主人坐在一起，边吃晚餐边抱怨天气太热。其间，亚历山大向主人说明他来这里的目的："我想知道，地球上的各个部分是怎么联系到一起成为一个整体。我想搞清楚，气候和季节如何影响并决定动植物的生存。"

这陌生的世界不只有令人陶醉的自然风光，也有让亚历山大惊恐的场景。他亲眼看到，库马纳的市场上每天都有人在买卖奴隶。他无法接受这种交易。当时，人们用粗暴残忍的方式在非洲抓捕黑人，然后将他们赶上船运走。在长途运输中存活下来的黑人会被送到美洲的市场上，卖给有钱的地主，给人当牛做

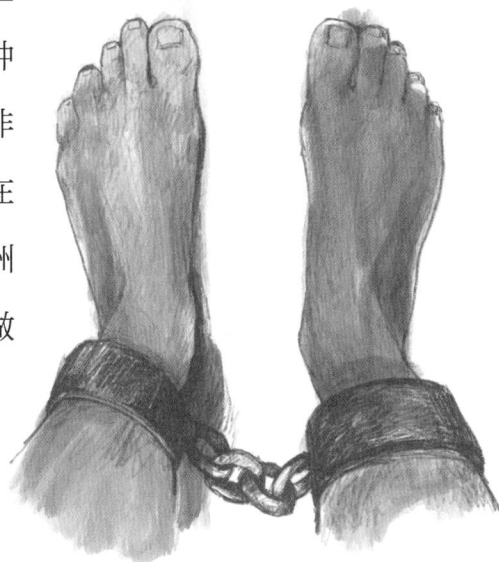

> "这是我这么久以来第一次对这片土地产生怀疑。我曾深信这里到处都是积极美好的。"

马。即使在那样炎热的气候条件下，黑人奴隶每天也至少要在田里劳作 12 小时。

周围人对待黑奴的方式让亚历山大十分愤慨，可是，他也无能为力。毕竟，他在这里只是个客人。不过他一辈子都不会忘记这些黑奴的可怜模样。在此之后，只要一有机会，亚历山大就会对这种剥削行为提出抗议。

亚历山大和埃梅出门远足的时候，还在西班牙人设立的传教站遇到许多传教士。他们四处奔走想把天主教信仰和欧洲文化介绍给当地的印第安人。为此，西班牙传教士要求印第安人去原始森林中的小村庄里定居，让他们盖房子和从事农业生产。人们可能会觉得这是天主教慈善事业的一个优秀范例，然而亚历山大注意到，那些印第安人实际上过得一点儿也不幸福——他们更愿意自由自在、无拘无束地在原始森林里生活和打猎，这才是他们习惯的生活方式。

有一天，亚历山大和埃梅遭遇了一场地震。这是他们有生以来第一次遇到地震，震级虽然不高，却还是吓到了他们。房屋猛烈地摇动着，地基远不像他们一直以为的那样牢固。当埃梅怕得直哆嗦时，亚历山大已经从惊恐中缓过神，他翻出工具，立刻开始测量气温、空气湿度和地磁性，因地震而改变的数据被他仔细地记录下来。今后的旅程还很漫长，他们还会在美洲的其他地区遇到很多次地震，会慢慢适应。后来，他们遇到地震就像听见打雷一样淡定。甚至有时夜里地震，两人都还躺在床上继续睡觉。

幸而，亚历山大和埃梅的运气很好，从没遇到过那种足以摧毁一座城市的大地震。

亚历山大心里一直有个打算，在乘船去古巴之前，他想先离开沿海地区，深入委内瑞拉内陆看看。他把这个想法提出来和伙伴商量。埃梅问他："难道我们在这儿的冒险经历还不够多吗？"

亚历山大反驳说："真的不够，还有很多东西等着我们去发现。而且，我们还有一个很大的谜题要解开呢。"

"谜题？什么谜题？"

"我以后再告诉你。"

于是，旅程的下一站变成了未知的南美洲中心地带。

地震

我们的地球由几个巨大的岩石圈板块构成。它们各自在朝不同方向缓慢地移动。在某些地方板块与板块之间会相互挤压碰撞。如果压力过大，地球内部就会产生剧烈的震动。内部的震动传到地表后，地面也就跟着摇晃震动起来。

原始森林里的一条水路

离开库马纳时，两人有些伤感，他们虽然只在这里待了 5 个月，但已经有了家的感觉。不管怎么说，他们在这未知大陆上的第一步，是在库马纳的海边迈出的。亚历山大将永远怀念委内瑞拉的这座港口城市。但无论多么不舍，现在都要上路了。

他们的目的地是贯穿南美洲北部的大河——奥里诺科河。南美大陆中部丛林里的植被密密麻麻，人不可能在其中行走，所以奥里诺科河成了在丛林里前行的唯一路径。要抵达奥里诺科河，就必须先到达洛斯亚诺斯。

洛斯亚诺斯是热带稀树大草原，现在正值干燥的旱季，草原上既没有乔木也没有灌木。它是如此的平坦空旷，除了偶尔一现的小朵云彩影子，这里对旅行者来说，就像一片一望无际的海洋。在旱季，不但草原地面会龟裂，连草都会干得碎成灰。

对人、马和骡子来说，穿越洛斯亚诺斯是极其艰辛的。如果想在这种物质匮乏的地方活命，至少要准备好三四个星期的饮用水和粮食。还有，因为洛斯亚诺斯热得像蒸笼一样，亚历山大的诸多设备和测量仪器很难全都带上，而带上的仪器也得小心保护，以防它们被持续肆虐的沙尘暴损坏。幸亏亚历山大已经托一个信得过的熟人，把他们之前攒的一大堆岩石和植物带回欧洲，他们以后新采集的标本才能有地方放。刚开始除了枯草，他们整天什么也见不着。由于白天阳光太过灼热，他们大

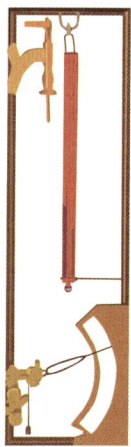

毛发湿度计用于
测定空气湿度

加 勒 比 海

玛格丽塔岛

卡贝略港

加拉加斯

巴伦西亚湖

库马纳

巴塞罗那

洛斯亚诺斯草原

洛斯亚诺斯草原

卡拉沃索

奥 里 诺 科 河

阿普雷河畔圣费尔南多

安戈斯图拉
（玻利瓦尔城）

阿
普
雷
河

奥
里
诺
科
河

"我们离开库马纳的海岸时，觉
得自己好像已经在那里住了很久。"

阿图雷斯的瀑布

迈普雷斯的瀑布

阿塔巴波河畔
圣费尔南多

阿
塔
巴
波
河

奥
里
诺
科
河

拉埃斯梅拉达

卡
西
基
亚
雷
河

沿河旅行
1800 年

圣卡洛斯

内
格
罗
河
（亚马孙河支流）

多是在夜里赶路。有时，他们会遇到一个池塘或一条小溪，他们特别想跳进去洗个澡，凉快凉快。可当地向导警告他们，里面有鳄鱼！

在其他水域他们还发现了一种非常稀奇的动物——电鳗。谁要是碰它，就会被它释放的强电流击中。多么不可思议啊！亚历山大怎么能放过如此难得的机会呢？

他一定要好好研究下这种奇特的生物。电鳗发射的电流之强，甚至能威胁一匹马的生命，亚历山大不禁发出感叹："真是活体发电机！"

就算前进道路艰辛险阻，亚历山大也依然为这里的景观感到兴奋不已。四面八方都没有高山和丘陵阻碍他的视线，他能一眼望到地平线。他对埃梅说："没错，这儿看起来或许是荒凉单调了些，但我爱这种一望无际的辽阔。"

在洛斯亚诺斯，世界似乎亘古不变。

但事实是，这里的景观和气候突然之间就变了——一场猛烈的雷雨标志着雨季的开始。空气开始变得湿润，树木也多了起来。现在，亚历山大和埃梅已经抵达奥里诺科河的一条支流，这条支流旁还有个热带雨林。他俩在雨林中的一个小居住区遇到了几名从欧洲来的传教

"我们期盼了那么久，第一眼见到奥里诺科河水域的时候，说不感动是假的。"

士，这些传教士已经很久没见过其他欧洲人了。

亚历山大和埃梅即将经由这条支流到奥里诺科河去，现在他们需要在居住区做一些准备工作：首先必须找到一条尽可能大的独木舟，还要把物资都装载好。因为独木舟行驶的时候会摇摇晃晃，所以装的时候得把贵重仪器牢牢固定住。此外，还要再准备几个星期的粮食——面粉、鸡蛋、香蕉、可可粉和几只活鸡。上路之后，能否打猎，或能否钓到可以食用的鱼，这些都还不确定。他们也完全不知道，将会有什么事等待着他们。

此前极少有白人深入过这一地区，亚历山大和埃梅偶尔路过小传教站时才能遇到语言相通的人，熟悉地形的当地向导更是难寻。可靠的地图也还没有人绘制过，所以绘制当地地图就成了亚历山大最重要的任务之一。还好他在这方面既有天赋又训练有素——早在中学时期他就喜爱画画，而且他的父母也有能力让他跟着最好的老师学习。

划着独木舟在河面上旅行比穿越洛斯亚诺斯更加令人兴奋，但同时也更加危险——在岸边打盹和在河里游泳的鳄鱼不计其数；蟒蛇要么在树上睡觉，要么在水里蜿蜒游动；美洲豹在丛林里潜伏；参天大树被连根拔起，其树干漂浮在河面上，说不定就会撞上行驶中的独木舟。

但这两个人的胆子越来越大，甚至敢下水洗澡！他们想到一个不错的办法，一个人洗的时候，另一个人就帮忙留意周边环境。亚历山大每次洗的时候，都会尝一下河水的味道，然后把变化记录下来。一段时间以后，他们终于来到了奥里诺科河的干流。

到了干流，旅程反而变得越发艰难，因为他们要逆流而上。他们雇用了一个印第安人，如果遇上逆流，那个印第安随从必须得逆着水流用力划桨。有时候，他们几个甚至不得不游上岸，用绳子拉着船往前走。奥里诺科河很宽，看起来像一个湖泊。亚历山大测算过，河宽在某些地方甚至能达到 5 千米。途中，他们能穿过岸边的原始森林进入内陆的机会并不多，因为岸边密密麻麻地长着乔木、灌木和攀缘植物。各种植物筑成一道绿色的围墙，墙后是这世上独一无二的、丰富多彩的、一切生物野蛮生长的生活空间。无数的动植物——其中有成千上万个未知的物种——在进行着激烈的斗争，试图取代竞争对手；所有生物都在吃，也都在被吃；大自然原始的、野性的一面在这里尽显无遗，丝毫没有人类说话的份，人只是大自然中微不足道的一小部分。亚历山大意识到："在原始森林里，我们人类根本没有存在感。"

"不一定是这样。"埃梅反对亚历山大的说法。河上的蚊子太折磨人了！他们日夜都被其困扰着，至少对蚊子而言，他们绝对是有存在感的。

"这儿的蚊子比空气都多。"就连同行的印第安人也忍不住抱怨。

不论用多大的力气挥动手臂都赶不走这些蚊子，它们不但会爬进人的耳朵和鼻子里，甚至还能隔着衣服扎人！才没过几天，几个人已被叮得浑身是包。因为奇痒难忍，他们连觉都睡不着。不过，至少他们还能用柠檬汁和菠萝汁稍微缓解一下瘙痒。

不知道从什么时候开始，他们终于适应了这种折磨。但他们夜里还是不能好好睡觉，因为一旦美洲豹开始狩猎，动物们就会通过大声叫喊来发出警告。接下来整个森林都会陷入骚乱，喧闹不已。

一个地理谜题的答案

　　奥里诺科河流经原始森林的那一段河面很宽阔，流速也比较缓慢。等到了上游的某个地方，河水被"挤进"两条山脉之间，危险的湍流和瀑布突然出现在他们面前，阻挡了他们的去路。他们遇到的是阿图雷斯和迈普雷斯的湍流和瀑布。阿图雷斯和迈普雷斯位于委内瑞拉南部，好几千米长的河水从石阶、大石块和陡峭的岩石上泻下，水

花四溅。

"看起来真像一片泡沫的海洋啊！"亚历山大激动得大喊。

河水猛烈激荡的景象虽然宏伟壮观，却也带来了不少麻烦。他们必须把所有行李从船上卸下来，通过陆路来运输。这可是相当费劲——如果情况允许，空船还能留在湍急的水流中，由他们几个人用粗绳硬拉着继续朝上游方向走；万一情况不允许，他们就不得不把船从河里拉上岸，在陆地上拖着走。他们走得非常吃力，前进缓慢，花了好几天时间才走过有湍流和瀑布的这段路。但水流湍急还是有好处的——急流中没有鳄鱼和蛇，他们总算能安安心心地洗个澡了。

通过这场经历，亚历山大的探索精神和发明精神又被激发起来了。他开始思考，怎样把河水引流到其他地方，建一条新运河。这样一来，过往船只就能轻松绕开那些瀑布。其实他脑子里已经有了一个方案，后来他还把这个想法告诉了当时的委内瑞拉殖民地总督，只不过直到今天，都没人敢将他的想法付诸实践。

再多的困难也浇灭不了两位学者的工作热情。不论白天黑夜，他们总是仔细地观察、研究周围环境。亚历山大不厌其烦地一次次测量水温和气温，还试图尽量精准地测定他们所处的地理位置。另外，他带来的几个笼子里装着各种各样的鸟和猴子，像个小动物园。埃梅则尽可能多地采集植物。"可惜，太可惜了！"他嘟哝了好半天，因为最漂亮、最好的花和叶子总是高高地长在树冠上，根本够不着。

有好几次，他们能听到鸟儿叽叽喳喳地叫，也能听到岸上的森林里有猴子在嬉戏，但就是不见这些小家伙的踪影。两位学者都特别想好好观察它们。只可惜人不能离丛林里的动物太近，不然会有危险。亚历山大亲身体会过一次那样的经历。有一天，他们沿岸边走着，忽然，亚历山大对面冒出一只美洲豹。他赶紧按照当地人教他的那样做——小心翼翼地、慢慢地后退，保持镇定、千万不能东张西望！万幸，他们躲过一劫。

现在，是时候解开一个神奇的地理谜题了：长期以来一直有传言称，南美洲的两条大河——奥里诺科河和亚马孙河，由一条天然航道相连。倘若传言是真的，就意味着从委内瑞拉到巴西可以坐船去。有

些西班牙传教士声称，他们不仅亲眼见过这条天然航道，还亲自走过，他们给它取名为卡西基亚雷河。

然而每个西班牙传教士画的地图都不一样，而且图上画着很多条蜿蜒穿过丛林的河流，让人眼花缭乱。欧洲人怀疑这种说法的真实性，认为这个传言是那些传教士搞出来的恶作剧。欧洲学者们还调侃说："这要能是真的，那恐怕也有条河把咱们欧洲的莱茵河和多瑙河连起来啦！"

克里斯托弗·哥伦布

哥伦布是受西班牙王室支持的意大利航海家。他的航海旅行首次让欧洲人知道了美洲大陆的存在。其实，连他自己都不知道自己到了美洲，因为他本来是想寻找一条通往亚洲的航线。1492年，他在经过好几个星期的航行之后靠岸登陆。他以为自己已经抵达印度东海岸，但直到他去世之后大家才搞清楚，哥伦布意外发现的是一个欧洲人从未听过的大陆——美洲。

亚历山大并不赞同这些欧洲学者的观点。

"为什么新大陆就非得跟我们熟悉的旧世界一样呢？就不能有些不同的东西吗？"他问埃梅，同时也是问自己。

埃梅根本不关心这个问题，不过，他肯定乐意陪亚历山大一起去寻找卡西基亚雷河。因为前几个星期，他们的独木舟出了几次小事故，他采集的标本在事故中丢失了一部分。所以，他自然不会放过任何继续采集植物标本的机会。

原始森林里的河流分布错综复杂，于是他们选择一直朝着上游方向走。最后，他们真的找到了卡西基亚雷河。

"它不是两条大河之间的航道，"亚历山大肯定地说，"它根本就是奥里诺科河的一条支流"。

奥里诺科河在拉埃斯梅拉达分成两部分，向东流的部分仍叫奥里诺科河，向南朝亚马孙河方向流往巴西的部分叫卡西基亚雷河。亚历山大不但确定了奥里诺科河分岔口的具体地理位置，更绘制了第一张准确记录奥里诺科河如何通过其支流卡西基亚雷河与亚马孙河流域连接起来的地图。

"要是西班牙政府得知卡西基亚雷河的事，这里应该会变成一大贸易通道。"亚历山大推测说。

如果他的推测成真，南美洲北部地区和中部地区之间的货物运输会容易许多，奥里诺科河的分岔口周围也会因此很快出现一座大都市。但是他想错了，这一地区太过偏僻，气候也让人难以忍受，还有泛滥成灾的蚊子。即便是在今天——在亚历山大·冯·洪堡南美之旅的200多年后——这里也依然是委内瑞拉雨林里一个荒无人烟的地区。

西班牙殖民帝国

哥伦布第一次航行之后不久，西班牙人开始在新大陆——美洲上开拓殖民地。为了寻找金矿和银矿，他们攻打并征服了一个又一个民族。从北美洲西北部的阿拉斯加到南美洲最南端的火地岛，西班牙人几乎统治了整片新大陆。直到19世纪初，这些殖民地才宣布与西班牙脱离关系。之后，我们今天所熟知的许多国家——墨西哥、智利、古巴、阿根廷等独立了。

他们现在要做一个选择，要么选奥里诺科河，原路返回到委内瑞拉海边，要么选卡西基亚雷河，继续探索去巴西的路线。为了将标本和笔记安全地带到海边，然后寄回欧洲，他们选择了原路返回。

返程是从上游到下游，水流会带着他们向前，所以速度快了很多，而且大部分时间都不用划桨。最后，他们乘船来到了安戈斯图拉市（现称玻利瓦尔城）。他们前后总共在委内瑞拉的河上待了近3个月，航行超过 2 000 千米。现在他们终于能有个稳定的住处了，文明社会里最简单的生活设施都让他们觉得无比幸福。干燥的床和新鲜的面包在他们眼里都算是奇迹了。

最艰苦的时刻似乎已经过去，可埃梅偏偏在这时候病倒了，他高热不退，医生也束手无策。他是在原始森林里染上的病？还是在去卡西基亚雷河的路上染上的？他会不会死？

亚历山大很自责，是他鼓动埃梅陪他去那么远的地方的。但埃梅自己却没有失去勇气，心情也还不错。6 个星期之后，埃梅战胜了病魔。亚历山大总算松了一口气，心情重新变得明朗，他们又能重新上路，向海边进发了。

"现在，许多普通的房子在我们眼里都显得富丽堂皇。凡是跟我们说话的人，我们都觉得他幽默风趣。"

他们需要再次穿越那无边无际的洛斯亚诺斯草原。现在，洛斯亚诺斯的样子几乎全变了。雨季过后，草原不再干涸，但是洪水却开始泛滥。4 个月前，草原上还是空荡荡的，如今却出现了大片的湖泊和河流，还有许多之前没见过的动物。亚历山大向他的朋友解释说："这种变化证实了一条基本的自然规则，那就是，无论在植物界还是动物界，一旦某个重要的组成部分发生改变，那么其他部分也会受到影响。"

埃梅认为，尽管变化很大，但仍有一点没有改变，那就是视野开阔。"终于又能毫无阻碍地环顾四周啦！"

到达海边之后，两人还需要等上好几个星期，才可能遇上一艘能带他们离开的船。亚历山大和他的朋友已经在委内瑞拉待了 16 个月，他们现在想走从古巴到墨西哥再到菲律宾的这条路。然而，这个计划又落空了。

在安第斯山脉

由热到冷

亚历山大和埃梅刚到古巴首都哈瓦那就听说，有一个法国探险队已经扬帆起航，准备到南美洲来，接着还要到澳洲去。如果想环游世界，这可是个不错的机会。

"我们一定要跟他们一起去。"亚历山大说道。

"但他们会愿意捎上我们吗？再说，我们去哪里找他们呢？"埃梅问。

埃梅这么问也不是没有道理，但亚历山大不接受反驳，他说："我们到秘鲁海边去，去利马。我们肯定能在那里跟这些法国人碰头。"

这位旅伴的热情又一次感染了埃梅。

他们不想带着笔记和标本走远路。而且，谁知道路上会发生什么事。于是，一部分东西被他们经海路寄往英国，一部分被寄往法国，还有一部分暂时放在古巴。他们之所以把东西分成三部分，是为了万一寄丢一部分，至少还能保有其余部分。

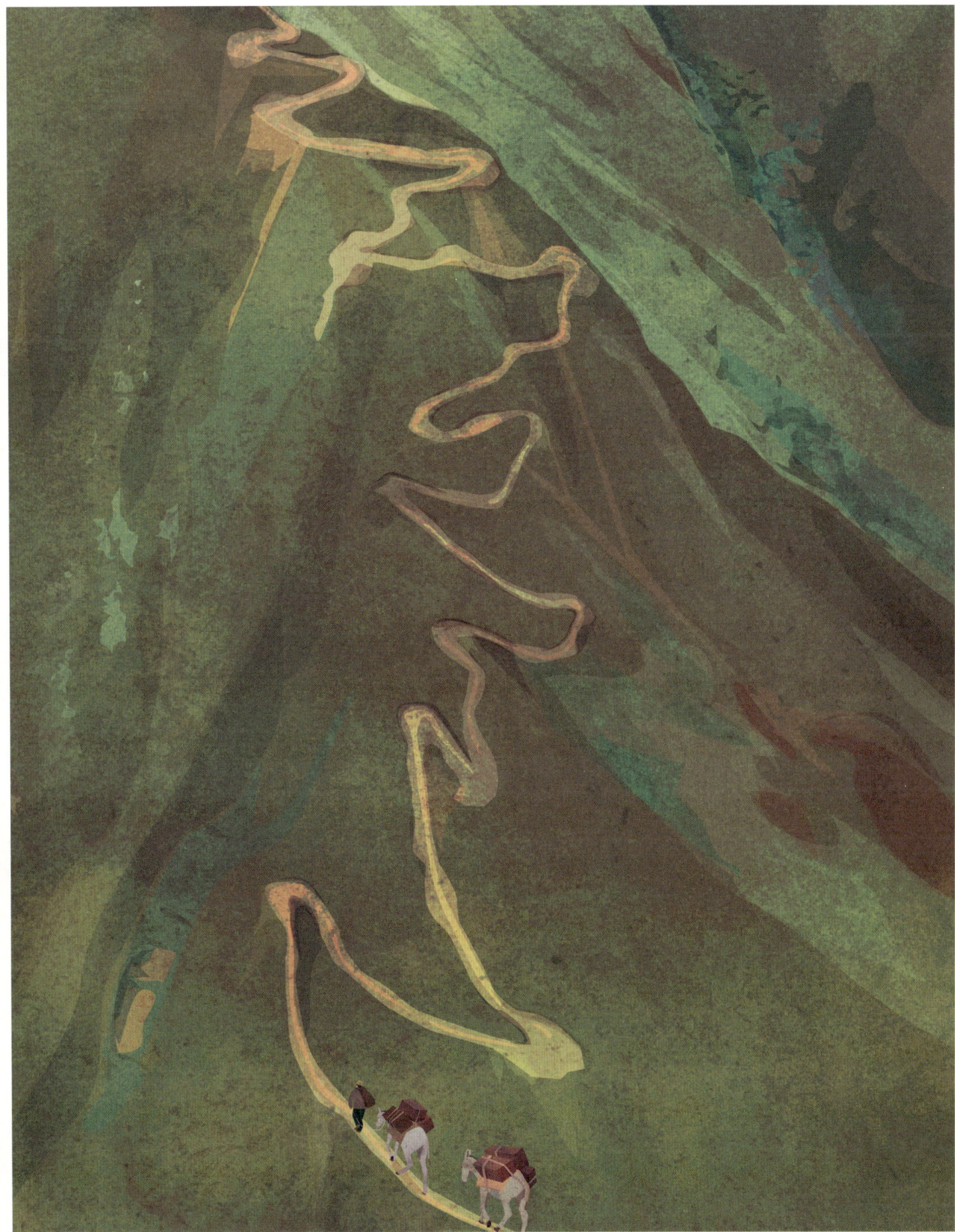

处理好邮寄的事情后，两人安安心心地出发去秘鲁。可惜没过几周，他们得知了一个令人郁闷的消息——法国人的科考船走了一条完全不同的航线，压根儿不会去利马。可是，亚历山大和埃梅此时已经到了位于南美洲北部海岸的港口城市卡塔赫纳，也就是说，他们已经到了新格拉纳达——今天的哥伦比亚。那接下来亚历山大和埃梅该怎么办呢？

"让我们来做一些跟之前完全不同的事——去安第斯山脉考察考察吧！"亚历山大决定。

他总是不断地改变计划，他的朋友早就习以为常了。

埃梅回答说："好吧，为什么不呢？"

安第斯山脉毕竟是世界上最长的山脉——它从南美洲的加勒比海岸一直延伸到火地岛，全长超过 8 900 千米。埃梅在那里肯定也能发现很多新的植物。

为了从海边到山里去，他们首先要乘坐独木舟抵达马格达莱纳河上游。有了上次的经验，他们已经能料到自己将经历什么了——2个月的时间里，除了原始森林、闷热的天气和鳄鱼之外什么都没有。哦，对了，还有叫人难以忍受的蚊子！

离开马格达莱纳河以后，他们觉得自己解脱了，但他们很快又发现，接下来的旅程依然很艰辛。他们行进在狭窄崎岖的小路上，穿梭于阴森的峡谷窄缝间，并且永远都是上坡路。印加帝国的士兵早在好几百年前就爬上过这些山，他们可是吃苦耐劳、坚忍不拔的印第安人呐！而亚历山大和埃梅却恰恰相反，已经有好几个月没怎么运动过了。在大船上，他俩还能稍微走动走动，乘独木舟的时候就只能坐着。

夜里特别冷。爬得越高，空气中的氧气含量越低。因为呼吸困

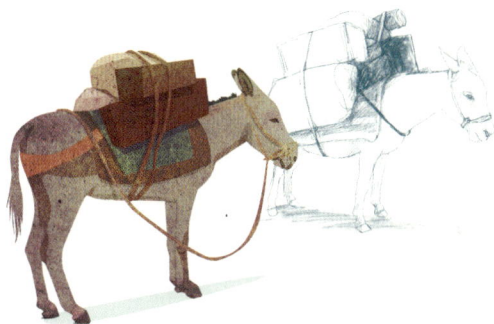

难，他们开始头痛。不过等时间久了，人就能慢慢地适应稀薄的空气，比如住在这里的当地人，就觉得山里的生活很舒服。

亚历山大和埃梅爬到一个海拔 2 500 米的高原时，注意到人类是可以适应稀薄的空气的。当时还是西班牙殖民城市的波哥大——如今是哥伦比亚的首都——就在这个高原上。这里的人很懂得享受生活，喜欢庆祝各种节日。他们甚至早就听说过著名的亚历山大·冯·洪堡男爵。

亚历山大已经出名了，西班牙殖民帝国的所有报纸都报道过他的南美洲之旅。他来到波哥大让当地人很是开心，他和埃梅被邀请到当地最上层的家庭里做客，去讲述他们的冒险经历。这两个外国人所经历和承受的一切让人们感到十分惊讶。其实，有时候连他们自己都不敢相信这是真的。

安第斯山脉的居民也会讲不可思议的故事。他们给客人讲述了神秘的瓜塔维塔

西蒙·玻利瓦尔

亚历山大·冯·洪堡到访波哥大 20 年后，这座城市成了西蒙·玻利瓦尔将军的大本营。玻利瓦尔将军来波哥大前几年曾在巴黎会见过亚历山大，两人还讨论了南美洲的局势。玻利瓦尔将军希望南美洲能脱离西班牙的统治。他和他的军队最终真的战胜了西班牙人，争取到了南美洲大部分地区的独立。

传说中的黄金国

西班牙人对美洲殖民地资源的掠夺粗暴无度。他们尤其热衷于寻找黄金。把印加人和阿兹特克人所有能抢的黄金都抢走之后，他们还是不满足，像着了魔似的开始寻找黄金国。传说中的黄金国非常富裕，有数量惊人的宝藏。当然，他们没有找到。但他们还是不愿放弃，贪婪地继续找——在哥伦比亚和秘鲁之间的安第斯山里找，也在委内瑞拉的原始森林里和玻利维亚找，但都是白费力气。

湖的故事——据说湖底藏有数量惊人的黄金宝藏。传说很久很久以前，印第安人为了获得神明庇佑，会把金沙和金器投入湖中，从而形成了宝藏。但至今都没有人能真正找到些什么。就连西班牙人挖了条运河，把湖水都排干了也没找到任何东西。虽然亚历山大从不相信这种谣言，但考虑到瓜塔维塔湖在整个哥伦比亚都很有名，他还是要亲自去看看的。当然，他也没找到金子。

亚历山大和埃梅告别了波哥大热情友好的当地人，继续踏上他们的安第斯山脉之旅。从马格达莱纳河到波哥大的路上，他们又采集了很多矿石和植物标本。多亏有一群搬运工和人们送的十几头骡子及充足的食物，他们才能带着所有行李穿行野外山地。

不管上山还是下山，路始终都很陡峭。他们时而要穿越炎热的热带山谷，时而要攀登刮着凛冽寒风的山峰和高地。有时路边就是危险的深渊，亚历山大很担心他那些昂贵的仪器会掉下去。好在那些骡子都是识路的，几乎不会失足。

强壮的安第斯神鹫（又叫安第斯神鹰或南美神鹰）在高空中俯瞰着他们。亚历山大很想近距离看看这种大鹰，可惜这群空中王者更喜欢在遍布岩石的山顶盘旋。从神鹫的视角向下俯瞰，一小群人平安到达了他们的下一个目的地——基多，一座四周环绕着大型火山的美丽城市。

"爬到安第斯山脉间的高原上之后，
痛苦的感觉便消失了。
人们又可以呼吸到清新的空气。"

南美洲屋脊

火山！早在大学时期，亚历山大就对火山异常感兴趣。自从看过特内里费岛上的泰德峰之后，他对这种冒着烟的、内部沸腾的山更加着迷了。在有"南美洲屋脊"之称的安第斯山脉，他所看到的火山之多远远超出了期望。高地山谷横跨这个今天名为厄瓜多尔的国家，山谷两侧高高耸立着白雪皑皑的山峰，火山一座接着一座。

"这简直就是一条火山大道啊！"亚历山大兴奋地大喊。

现在看来，不能去找法国探险队倒算是一件值得高兴的事。他不必为了去利马的港口而急急忙忙地赶路，可以好好地探索这个到处都是火山的奇妙世界。时间充足无疑意味着，他不仅能站在安全距离以外观察火山，还可以亲自爬上去。这样做更有助于他了解地球内部的构造和山脉形成的原因。

半年时间里，亚历山大不断爬上一座又一座火山。他的精力太过旺盛，以至于埃梅在这期间不得不选择放弃，有几次考察没能陪着亚历山大一起去。亚历山大只好另找了几个基多当地人陪他。

亚历山大的行动肯定是有危险的。有的火山从好几千年前起就是死火山，而有的似乎只是暂时休眠。但实际上，大部分火山的内部都在汹涌澎湃地沸腾着，其中有些还时不时地往外冒烟。

基多

另一些则在巨大压力的作用下向地表喷射岩浆。皮钦查火山、安蒂萨纳火山、伊利尼萨火山、科托帕希火山、钦博拉索山——光是这些火山的大名就足以把两位学者从欧洲吸引过来了。它们的高度都超过5 000 米。人们通常很难登顶这几座火山，因为山顶要么积雪太深，要么有危险的冰川裂隙。亚历山大成功爬到了火山口，当他探头往里看，就像在看一口锅——蓝色的火焰在"锅底"闪烁，滚烫的蒸气从岩石裂口冒出，发出嘶嘶声。有毒的火山气体就这样上升到空气中。亚历山大不仅很勇敢，还十分小心，所以他安然无恙地完成了他的火山冒险行动。

他现在可是个火山专家。在他之前还没有任何人爬过和研究过这么多火山。他可能是那个时代最富经验的登山者。那时他甚至还没有一套

"在这里，大自然显得如此强大可怕，
人们时刻准备着遭遇危险。"

合适的登山装备——没有绳索，没有破冰斧，也没有结实的登山鞋。尽管如此，他还是感觉自己的准备已经足够充分，可以去攀登传说中的钦博拉索山了。钦博拉索山是一座高达 6 300 多米的火山。当时所有欧洲和美洲的地理学家都以为它就是世界上最高的山。他们对安第斯山脉南段的一些更高的山峰，甚至是对喜马拉雅山脉的那些高山都还知之甚少。

亚历山大和埃梅带着他们的随从于 1802 年 6 月出发前往钦博拉索山。他们先从湿热的山谷慢慢往上爬，爬到凉快一些的地方。虽然刚一离开森林就立刻能看到钦博拉索山覆盖着白雪的顶峰，但实际上他们离山顶还有很远一段距离。不知从什么时候开始，山路变得十分陡峭，他们只好把骡子扔下不管。几个小时之后，空气中起了雾，天上开始下雪。他们的手脚都逐渐冻僵。当地的搬运工拒绝继续往前走，就留在原地。"我们不能就这样放弃。"亚历山大决定继续往上爬。这两个好朋友现在得自己扛粮食和仪器。有时，他们必须手脚并用才能往上爬。缺氧的感觉越来越明显，就连慢慢地深呼吸也不能把足够的空气吸进肺里。高山病让他们又头痛又恶心。

即便是在这样的情况下，亚历山大对科研的热情也丝毫不减。他不停地研究和采集土壤样本，其间还架起仪器设备测量温度、湿度和气压。他站在高处向山谷望去，再次发现，气候带和植被分布不仅会因南北差异而

最高的山

今天，人们确切地知道，在南美洲有 20 多座山比钦博拉索山高。南美洲的最高峰是位于阿根廷和智利交界处的阿空加瓜山（6 960 米）。北美洲最高的山是阿拉斯加山脉的迪纳利山，它有 6 190 米高。真正的山中"巨人"高度都超过 8 000 米，它们全都坐落于亚洲的喜马拉雅山脉和喀喇昆仑山脉。

发生变化，即便是在同一地区，两者在不同海拔上的差异也会很大。在钦博拉索山，短短 3 天时间里，他们就经历了气候从热带高温到极地严寒的改变。

雾气突然散开，他们能清楚地看见山顶。

"离山顶只有 500 多米了。"亚历山大估计。

然而，他们面前还有积雪和冰原，上面遍布着深不见底的冰川裂隙。埃梅已经筋疲力尽，他说："不能再往前了。"

令他惊讶的是，亚历山大居然表示赞同。亚历山大本来也希望能登顶这座雄伟的高山，可惜装备不行，无法实现。就连他这样一位英勇无畏的研究者都觉得登顶的风险太高。

尽管无法登顶，两位旅行者仍然觉得自己算是登上了南美洲甚至全世界的屋脊。由于环境条件严苛，他们当然不可能进行精确的高度测量。但无论如何，他们爬到了前人从未到达过的高度——5 500 多米。他们创造了 1802 年的世界纪录，欧洲根本没有这么高的山，而美洲当地人则认为这样艰辛地登山没有任何意义。

尽管后来的登山者有更精良的装备，但由于冰川裂隙的存在，钦博拉索山对登山者而言始终是一个艰难的挑战。在亚历山大尝试登山的大半个世纪后，才第一次有人成功登上它的顶峰。

"一些简单的快乐、对彼此的友爱，
以及全身心地感受这壮丽的自然风光，
让旅行者的痛苦减轻了不少。"

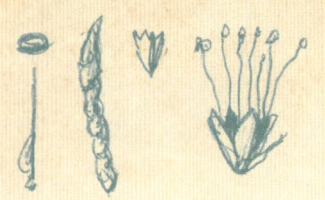

向太平洋进发

亚历山大和埃梅已经在山里冒险了好几个月，现在是时候考虑接下来该去哪里了。算起来，他们离家已有 3 年，家人有没有收到他们写的信也不得而知。反正他们是一封回信都没收到过。此外，亚历山大的仪器在各种极端自然条件下严重受损。再加上这对好朋友现在特别想过几天舒服日子，所以他们决定去墨西哥待一阵子。

要去墨西哥就得先到太平洋边的一个港口，去港口的途中他们要穿过赤道。赤道把地球分为南北两个半球，在赤道地区，他们有个惊人的发现：过赤道线之前，亚历山大的指南针的磁针始终指向北方。理论上，过了赤道线以后，磁针就应该被南极的磁性吸引，从而改指南方。但实际情况是，他们过了赤道线后又走了几百千米，磁针才改指南方。亚历山大解释说："这意味着地理赤道对磁针的指向没有任何影响。"

亚历山大是第一个发现地理赤道以南还存在着一条地磁赤道的人。

通往太平洋海边的部分山路是印加人好几百年前就开辟的。这个民族修筑穿越山脉的道路和运输路线的本领十分高超，其中大部分路段由切割整齐的方石铺成，有些方石宽达 5 米，长达数千千米的山路将印加帝国最偏远的城市和省份连接起来，里程碑上还标着到最近一座城市的距离。

磁倾仪（又叫"倾斜仪"）是用于测量磁力线倾角的仪器

亚历山大和埃梅到了卡哈马卡，这里曾是印加帝国的一个主要城市，不过它昔日的样貌已经很难辨认出来——只有几栋住宅楼和几栋曾经是旅馆的房子遗留下来。这些老房子的外墙保存得还算完好，其中几栋楼里甚至还有供应热水的浴室。不过绝大部分旧时的房子和国王的宫殿都在西班牙征服者占领这里时被完全摧毁。原来的地基上盖起了基督教教堂。印加人的子孙后代受尽了西班牙人的压迫。

印加人

在美洲大陆上，没有其他任何一个民族拥有过印加人那样强大的影响力。印加帝国贯穿安第斯山脉，曾统治着自今天的厄瓜多尔到智利的广大地区。后来灾难降临，国王的两个儿子——阿塔瓦尔帕和瓦斯卡尔争夺起了国家的统治权。就在这时，由弗朗西斯科·皮萨罗率领的第一批西班牙征服者来到这里。他们利用这场兄弟之争，于1532年在卡哈马卡战役中战胜了印加人。紧接着，西班牙人占领了整个帝国。

亚历山大对印加人的文化和语言很感兴趣。他甚至能和以前的印加国王阿塔瓦尔帕的几个后人进行交谈。他从中得知，阿塔瓦尔帕国王在征服战役中被西班牙人杀死，其后人的生活贫困不堪。亚历山大

81

确定，印加人在好几个世纪之前就掌握了卓越的科学知识，譬如星体运行和气候变化的规律。印加人能妥善地组织农业生产——在确保日常食物供应充足的同时，为收成不佳的时期预先储粮。亚历山大研究得越多，就越珍视印加人的文化成就。他把一些建筑物的断壁残垣画了下来，还把印加人语言中的许多词语记录了下来。

在山区待了这么多个月后，两人逐渐开始怀念起海景。他们迫不及待，想赶快走出安第斯的崇山峻岭，去看一看太平洋——这将是他们生平第一次见到太平洋。每一次，他们都觉得只要翻过眼前这座山就能看清太平洋，可他们失望了一次又一次，因为大海总是被浓雾笼罩着。

后来，大海总算现身了，辽阔的、一直延伸到天边的太平洋现在就在他们眼前。亚历山大非常激动。他从青年时代起就向往太平洋。那时，他的朋友格奥尔格·福斯特常常提到太平洋。听故事的时候，亚历山大总梦想着有一天能亲自去一趟太平洋。现在，这个梦想终于实现了。

他们最终到达的是秘鲁的海滨城市利马，一路以来，这是第一个让他们感到失望的地方。

"这儿是我们在南美洲见过最丑的地方。"亚历山大说。

海上和陆地上几乎天天笼罩着浓雾，而拥有特权的西班牙人过着舒适的生活，总是自我感觉良好，表现得极其高傲。于是两位旅行者尽可能快地登上了一艘船，这艘船将带着他们往北去，去港口城市瓜亚基尔。

亚历山大在路上有一个新发现，这是他最著名的发现之一。和往常一样，他总是待在甲板上捣鼓他那些仪器，每隔一段时间就测量一下水温和洋流。一个奇怪的现象引起了他的注意，这里的水温比热带海水应有的温度要低得多——低了将近 10 摄氏度。这位经验丰富的科学家马上就给出解释：从冰冷的南极海域流过来一股寒流，它沿着南美洲的海岸线向赤道方向流动，并从南极海域带来了大量藻类和鱼类。于是，在它与热带温暖水域交汇的地方，海洋生物可以获得比全世界其他任何一片海洋都多的养料，所以这里的鱼类产量相当巨大。秘鲁沿岸的渔民当然早就知道这里鱼多，但亚历山大是第一个解释清楚原因的人。所以，后来人们就用他的名字将这股寒流命名为"洪堡寒流"。可是这个名字让他本人有些恼火，他不喜欢往自己脸上贴金。

两位旅行者刚到瓜亚基尔时，就听到一条惊人的消息。据说科托帕希火山爆发了，喷出许多熔岩、烟雾和灰烬。这座火山距离瓜亚基

尔仅有 300 千米，他们几个月前还曾爬过这座山，那时候一切都还很平静。

亚历山大兴奋极了，他怎么能放过这个近距离观察火山爆发的机会呢？但是埃梅提醒他要三思："不要再改变计划啦！我们去墨西哥得坐船。最近一艘船还有几天就要出发。如果错过了，我们就必须再等上好几个月，因为雨季和风暴快来了。"

亚历山大只好忍痛放弃这次难得的体验机会。不过，他们在海边至少还可以听听火山喷发时发出的声音，看看空中的烟柱。

继续旅行

在白银王国

亚历山大·冯·洪堡和埃梅·邦普兰比当初离开委内瑞拉时的计划晚了两年才来到墨西哥。不过,在奥里诺科河和安第斯山脉的冒险值得他们绕那么远的路,花那么多的时间。当时,墨西哥还叫新西班牙,是西班牙在美洲大陆上最重要、最富有的殖民地。今天美国的佛罗里达州、得克萨斯州和加利福尼亚州当时都在新西班牙的管辖范围内,首都墨西哥城曾是整个美洲最大的城市。

墨西哥城

墨西哥城是墨西哥合众国的首都,曾是美洲最大的都市之一。因为墨西哥城被群山环绕,所以很难通风。大量的工厂、供暖设备和汽车废气造成了该城严重的空气污染。

亚历山大和埃梅从瓜亚基尔坐船来到墨西哥阿卡普尔科,并在这里登陆。阿卡普尔科的港口挤满了帆船,因为这里是美洲和西班牙的殖民地菲律宾之间贸易的起点。他们立刻出发,准备翻过大山,进入首都墨西哥城。

让亚历山大感到开心的是,这里也有两座火山——波波卡特佩特火

"这里的人习惯了与危险为伴，就像习惯了在悬崖边睡觉一样，淡定得很。"

山和伊斯塔西瓦特尔火山，它们白雪皑皑，十分壮丽。波波卡特佩特火山是墨西哥几千座火山中最美、最引人注目的一座。当地居民将它视为城市的守卫者和保护者。当然，除了美景，亚历山大还看到了其中隐含的危险——一旦火山爆发，山脚下的人将受到熔岩流和大量灰烬的威胁。可是这里没人愿意听亚历山大的警告，居民们虽然生活在危险之中，但人口数量还在不断增长。

不过眼下火山正处于休眠的状态，刚经历了不少紧张冒险的两位旅行者可以先放松一下。他们现在终于有时间整理笔记，把带着的矿物、石头和植物分类。他们感觉在墨西哥城跟在欧洲老家差不多，这里的街道干净整洁，两侧有人行道，晚上还有街灯照明，住宿的地方特别舒适，吃的也很可口。墨西哥城有些大型市场，他们偶尔会去溜

达溜达。市场上的香蕉、桃子、菠萝、番茄和玉米堆积如山，所有的铺子和摊位都有鲜花装饰。他们不禁感叹这真是一座多姿多彩、充满欢乐、富有生活乐趣的城市！

冯·洪堡男爵在这里同样引起了轰动。各家报纸争相报道他惊险的科考旅行，此前从没有研究人员在陆地上进行过如此危险的长途旅行，也从没有科学家敢去他去过的那些偏僻之地，而且，也从没有人像他这样带着浓厚的兴趣仔细研究过南美大陆上的地理、气候、植物和动物。难怪亚历山大和埃梅又被邀请到上等西班牙人家庭里做客。市里各个图书馆的大门也都向他们敞开。他们还跟其他科学家一起讨论他们的经历，一讲就是几天几夜。

在奥里诺科河和安第斯山脉，他们要跟原始的大自然做斗争，而到了墨西哥，他们则要研究人们的生活、工作和经济。亚历山大很快就确定，这里是地球上矿藏最丰富的地区之一，这里金、银、铜、铁和水银的储量居世界之首，300多处矿藏遍布全国。作为曾经的矿井监察员，亚历山大对此特别感兴趣。跟上大学那会儿一样，他又开始往矿井里爬，而且去到哪里就给哪里的矿山提出改进意见。虽然当时全世界开采的白银中，绝大部分都已经来自墨西哥矿山，这位来自欧洲的专家还是建议当地矿主："如果你们使用现代化的方法，

生态学观点

从几千年前至今，人类不断征服自然，却很少关注这样做所带来的后果。亚历山大是最早认识到大自然中万事万物都紧密联系在一起的人之一。所以他曾经警告，如果一个地方受到干扰，这就可能会在其他许多地方引起严重的后果——干旱、洪水、龙卷风等。200年后的今天，全球气候变化已经带来了严重的后果，亚历山大的这种观点比以往任何时候都更具现实意义。

"毫无疑问，采矿业曾是墨西哥巨额财富的主要来源。"

产量还会高很多。"

除了地下的矿藏，墨西哥地上的资源也很丰富。"只要你们愿意，你们可以向全世界供应糖、咖啡、可可豆、红酒、小麦、棉花和丝绸。"亚历山大总是这样对邀请他的主人家说。但他也看到了大量开采自然资源的一大弊端，这个弊端在很多地方已经显现出来。例如，外来征服者只砍伐森林而不新栽树木，所以在墨西哥的部分地方，极端的干旱天气和贫瘠的土地逐渐变得十分常见。

亚历山大十分赞赏奇南帕园地，这是位于墨西哥城郊特斯科湖上漂浮的园圃和耕地。早在西班牙人到来之前，阿兹特克民族就搭建了这种水上园地。

"真的太妙了。"亚历山大评价道，"人们不是灌溉田地，而是直接把田地搭建在水中。"

由芦苇、树枝、树根和泥土制成的小岛被固定在湖里，上头种着花、水果和蔬菜。有些奇南帕园地特别结实，上面还能盖间小屋子。

奇南帕园地之所以能为首都供应充足的食物，那是因为一年有好几次收成。

亚历山大和埃梅还去了墨西哥城附近参观古代印第安文化的遗迹——特奥蒂瓦坎古城的太阳金字塔。这里曾存在过一个拥有数十万人口的城市，后来只剩下一些建筑物，虽然不多，但很宏伟。太阳金字塔高达65米，比对面的

征服者

征服者在西班牙语里叫"Con-quistador"。16、17世纪在古巴、墨西哥和南美洲战胜印第安人，并把他们的国家侵占为西班牙殖民地的那些军官和士兵就很自豪地将自己称为"Conquistador"。西班牙人是夸耀了自己的勇气，而印第安人则因此遭受了残暴的折磨。

墨西哥圣玛利亚
蕾格拉的瀑布旁
的柱状玄武岩

月亮金字塔稍矮一些。

"这么宏伟的建筑得花多少时间才能
盖起来啊？"埃梅对这个已经消失的民族
充满钦佩。

两人开始爬太阳金字塔，等待着他们
的是一幅壮丽的景色。他们心想，这座古
城曾经一定是五彩缤纷和生机勃勃的。

"如果给墨西哥的印第安人
画一幅人物群像，那只会是一
幅非常悲惨的画。"

"这又一次证明，印第安人不是未开化的野蛮人，他们拥有灿烂
的文明。"亚历山大在他的笔记本上写下这句话。

很可惜，印第安人快要灭绝了，他们的建筑物也只有极少数被保
存下来。而且不幸的是，他们的子孙生活在穷困潦倒之中。跟在南美
洲一样，印第安人在墨西哥也遭受到西班牙殖民统治者的压榨和剥
削。这种极度不公正的现象令亚历山大心情沉重，他再三要求人们好
好对待印第安原住民，但那些富裕的地主对此完全置之不理，只管让
印第安人干苦活、累活，还只给他们一点点微薄的报酬，好让自己能
赚得盆满钵满。

亚历山大不仅关心过去和现在，他也放眼未来。每当他盯着地图
看时，他都会设想：既然这个国家的两侧分别被大西洋和太平洋所包
围，那是否可以修建一条运河将这两个大洋连通呢？这样一来，船只
就可以直接从一个大洋航行到另一个大洋，而不用去南美洲的南端
绕远路，人们就能更快地到达目的地，贸易往来也会容易些。

亚历山大不是一个空想家，他立刻开始制订具体计划。他在地图

上画了 9 条可能的路线，但若想要确定最佳路线，亚历山大就必须去实地绘图和测量土地。他把这个计划告诉招待他的主人时，人家还以为他在胡说八道。但在 100 年后，他的想法被付诸了行动，人们在他建议的其中一条路线上修起了一条水路——著名的巴拿马运河。长期以来，它都是世界上最重要的航运通道之一。

拜访美国总统

　　亚历山大和埃梅在墨西哥已经逗留 1 年多，出来旅行的时间总共也快 5 年了，所以他们得考虑回欧洲的路线了。他们要在回去前再去一次古巴，因为 3 年前，他们把部分采集到的标本和笔记留在了那里，现在他们想亲自去取。

　　登陆古巴海岸后不久，在寻找去往欧洲方向的船只时，亚历山大又有了绕远路的想法，他想在回欧洲前去一次位于北美洲的美利坚合众国。当时的美国总统名叫托马斯·杰斐逊，他不仅是一位政治家，也是一位有名望的学者、建筑师和发明家。他在当总统前进行过长途旅行，还曾担任过美国驻巴黎的大使。现在，亚历山大有一个认识他

"我可能会死在火山口，也可能会被海浪吞没。"

并与他交谈的好机会，因为杰斐逊肯定也对亚历山大的旅行和经历很感兴趣。

"别告诉我，你真这么打算，"埃梅抱怨说，"别又临时改变计划啊！"但他最终还是一如既往地陪着亚历山大去了。他们用了40个大型储物箱来装载一路上采集的标本。带着种类繁多的大堆行李，他们踏上了去费城——当时美国的第二大城市的路。

航行途中，他们遇到了冒险以来最为猛烈的风暴。一连好几天，船都在海上被飓风赶着跑，桅杆和船帆被吹得晃来晃去。

"当初要是直接回家，没搞多余的旅行该多好。"晕船的埃梅吐起苦水，他担心自己命丧大海。

但亚历山大看起来并不担心自己的安危，一直以来，他都能轻松应对各种危险情况。他最担心的只是他的那些标本和手稿。

"我们费劲地带着这些东西走了那么久，小心翼翼地保管着，现在当然也要完好无损地把它们运到巴黎。"亚历山大满怀希望地说道。

好在他们的运气真的不错，虽然经历了许多艰难困苦，但总算顺利抵达费城的港口。

美利坚合众国

1776年，13个北美洲殖民地宣布脱离英国人的统治，共同组成一个名为美利坚合众国的国家。洪堡去的时候，美国还只是位于大西洋海岸边的一个沿海国家。随着时间的推移，美国国土逐渐向西扩张到太平洋沿岸地区。如今，美国由50个州、1个特区组成，是世界上最强大的国家之一。

冯·洪堡男爵和他在南美洲各地的探险活动在北美洲同样也是尽人皆知。大家都想跟他聊聊，听听他的故事，学习他的经验。杰斐逊总统也不例外，他立刻邀请这位著名的旅行家到华盛顿去。

作为刚建成不久的首都，仅有 5 000 多人口的华盛顿在那时几乎就是个村子。政治家们因建都地址的选择产生争执，最后的折中方案就是，将首都华盛顿建于美国北部和南部的交界地带。但当时几乎没人愿意住在那里，因为那里夏天特别炎热，沼泽地上还有大群蚊子嗡嗡作响，街道不但泥泞，还到处都是小水坑，脚手架随处可见。

奴隶制度

19 世纪初，奴隶制度在美洲大陆和世界上的其他一些地方还很普遍。印第安原住民和从非洲抓来的黑人被视为劣等人，被无情地剥削。大部分白人认为这是理所当然的。亚历山大·冯·洪堡是少数对此表示愤慨的白人之一。他为这些被剥夺了一切权利的人的命运感到悲痛，一次又一次地要求解放和平等对待他们。

这么大一个国家的首都居然在这种地方？埃梅想不通，他比较习惯巴黎那样的首都。但华盛顿才刚刚开始有人住，两座城市有所差异在所难免。

连白宫——美国总统居住和办公的地方——也仍在建设中。不过有部分房间已经可以投入使用，托马斯·杰斐逊总统就在这里接见了冯·洪堡男爵。

亚历山大在与总统的交谈中称赞了北美洲的自由和民主，他希望欧洲各国政府也能如此。当时，统治欧洲各地的仍是国王和皇帝们，人民没什么话语权。他还再次严厉谴责了奴隶在西班牙殖民地遭到的非人对待，总统先生这时却皱起了眉头。因为他在自己的庄园里就养了一大批奴隶。

杰斐逊想尽快转换话题，他很想跟亚历山大详细讨论亚历山大过去 5 年的研究和发现。作为美国总统，他对此尤其感兴趣，因为美国直接与南边的西班牙殖民地为邻。虽然离得很近，但杰斐逊总统对西班牙殖民地的情况却知之甚少。

亚历山大很乐意给总统看他的那些地图和测量结果，他测量的数据甚至比西班牙人的数据都精确。他还介绍了墨西哥肥沃的土地和丰富的矿产资源。

此外，杰斐逊还想听听亚历山大的冒险故事——在奥里诺科河上航行、攀登钦博拉索山，以及在古巴海岸遭遇飓风。从这位普鲁士男爵口中，总统先生得知的关于南美洲的信息，比他从图书馆里所有书上学到的更多。这让他印象极为深刻。

一位在欧洲的世界公民

1804 年夏天，亚历山大和埃梅搭乘一艘名为"宠儿"的船返回欧洲，装着笔记以及植物和矿物珍宝的 40 个大型储物箱也已顺利运回去。他们在法国城市波尔多登陆后立刻去往巴黎。

伟大的冒险结束了，这让他们有些伤感，不过由于在法国受到了热情的迎接，他们很快忘记了悲伤，现在该展望未来了。

"你什么时候回柏林？"埃梅问他的朋友。

"柏林？"亚历山大回答说，"我打算先在巴黎待一段时间。"

埃梅高兴极了。毕竟两个人一起研究带回来的植物更稳妥些。

巴黎有最好的印刷厂和出版社，或许可以让他们的书顺利出版。当时最伟大的科学家大多聚集在巴黎，亚历山大想和他们讨论自己的研究。

但他哥哥威廉、他在柏林的朋友以及普鲁士国王都对他留在巴黎的决定感到不满。他们说："作为一名普鲁士人，你应该在自己的祖国生活。"

然而亚历山大十分固执："我现在是一个世界公民！"

接下来 20 年里，亚历山大多数时间都生活在巴黎。他在巴黎的大学做演讲，和年轻人讨论美洲的未来。他写了几十本书，这些书被翻译成很多种语言。他画的火山和印加建筑，还有他写的印第安文手稿受到所有人的称赞。但是，这么多书籍和出版物并没让他赚到几个钱。那时候的人还没有版权意识，书籍原作和译作的盗版在欧洲层出不穷，所以亚历山大根本赚不到钱。然而，他各方面的花销实在太大，以至于他必须把剩余财产中的很大一部分拿出来用。

人们如饥似渴地读着关于奥里诺科河和钦博拉索山的故事，在这之前，没有任何人把这类冒险活动描写得如此详细。全欧洲读者的反响都很热烈，远在美国的杰斐逊总统也表达了他的赞赏之情。现在，亚历山大·冯·洪堡男爵已经享誉国际。

夸他最厉害的还数南美洲人民。他们甚至把他誉为"第二个发现美洲的人"。世界上没有人比他更了解美洲，这位来自普鲁士的旅行者让美洲人民第一次知道，自己所在的这

"那次总行程超过 14 000 千米的探险旅行带给了我一生中无与伦比的幸福。"

片大陆上原来有那么多美景和奇观。从墨西哥到阿根廷，从古巴到智利，他每到一个地方都会受到当地人的尊敬和爱戴。许多街道和学校以他的名字命名，很多城市为了永远纪念他而建造纪念碑。虽然亚历山大备受尊崇，但这并不是他想要的，他的梦想其实是做一个直到头

喜马拉雅山脉

有件事亚历山大还不知道，但他也许已经猜到了，那就是喜马拉雅山脉是世界上最高，且最有影响力的山脉。喜马拉雅山脉中有 10 座高度超过 8 000 米的山峰，其中有一座珠穆朗玛峰，高达 8 848 米，是世界第一高峰。美洲的钦博拉索山也有一项世界之最——因为钦博拉索山位于地球凸起的赤道地区，其顶峰是全世界地表距离地心最远的地方。

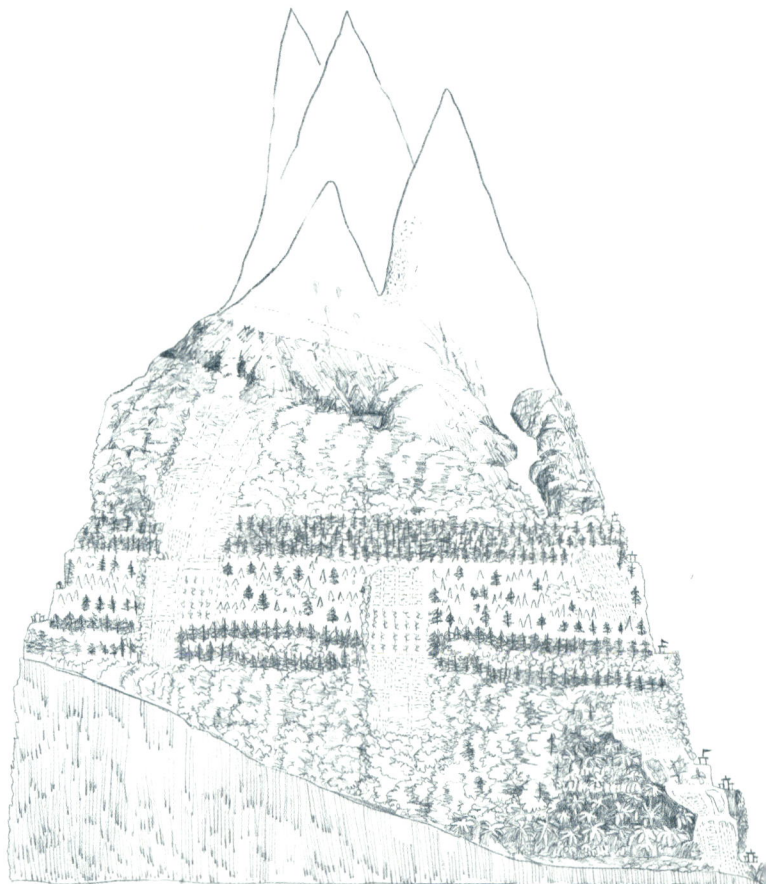

发变白，仍能不断去远方旅行的受人尊敬的学者。有时，他甚至希望自己当初直接留在美洲不回来了。

亚历山大又开始制订新的旅行计划，意大利、希腊、西班牙、墨西哥都是他想去的地方。他最想去的是位于亚洲的喜马拉雅山脉，这个目的地更远，他已经向往许久。去到那里，他就可以验证一下安第斯山脉是不是真的"世界屋脊"——此前没有科学家测量过喜马拉雅山脉的高度，甚至连爬过它的科学家都没有。

唯一可能通往喜马拉雅山脉的路要经过印度。当时印度是英国殖民地，为了从英国人那里得到入境印度的许可，洪堡去了伦敦。他在伦敦也受到了人们的称颂，除了到处做演讲，他还被邀请去参加各种庆

祝活动。然而，所有和英国人的友好接触都是徒劳的，他并没能获得去印度的许可，因为英国人怕他从事间谍活动。但男爵并没有放弃，为了说服英国人，他又去了两次伦敦，可惜最终还是白费劲。

此时，普鲁士国王催他赶紧返回柏林，否则就要取消他的年度养老金。亚历山大非常需要这笔钱，因为他之前继承的遗产早就因为旅行和出书花光了。于是，在美洲待了5年，以及在巴黎待了20年之后，他终于回到了家乡。

这时，亚历山大已年近50。他在柏林受到了空前的欢迎，全柏林人都想见他，想听他的故事和报告，他还必须定期去见国王，因为国王喜欢用亚历山大这位最著名的臣民来衬托和美化自己。虽然与自己有关的热门话题并没有让亚历山大感到兴奋，但回到柏林对他来说，却意外成了件好事——因为他即将迎来一次新的旅行，到一个遥远的、未知的国家去。

另一个人

全世界都在不断谈论着亚历山大·冯·洪堡——他的科考旅行、他的书、他对自然科学的贡献，以及他对美洲古代文明的肯定。他激励了那个时代的探险家和艺术家；他登上了钦博拉索山；他证实了奥里诺科河与亚马孙河相通；他意外发现了洪堡寒流；他跟美国总统谈过话……

那跟他一起旅行的伙伴——埃梅·邦普兰又怎么样了呢？大家不应该忘了他，毕竟他从第一天起就参与其中。他参与了准备工作；他划着船穿越了原始森林；他爬过那些山；他经受住了狂风暴雨的考验；他和亚历山大一起带回欧洲的 6 万种植物标本大部分是他采集的；他井井有条地分类和描述了这些植物；他虽然嘴上抱怨亚历山大老是改变旅行计划，但还是始终陪在亚历山大身边；他就算身患重病也不曾丧失勇气……

旅行之后，埃梅获得的荣誉也不少。但和冯·洪堡男爵相比，埃梅黯然失色。起初，他接下了管理巴黎附近的皇家花园的工作。但他不是主管，只是一个忙碌不停的研究人员。

用于植物研究的显微镜

和亚历山大一样，他还是很想念美洲，所以他很快又踏上了旅途。他去的是位于南美洲南部的阿根廷。这一次，他没和那位著名的男爵一起，他带走了自己的所有藏书和数百种植物及种子。

可惜命运没有善待他。他搬进了巴拉那河边的原始森林——一个让他回想起奥里诺科河的地方。在那里，他有一个重大发现：印第安人用一种野生植物制作浓茶，还把这种浓茶当成治疗多种疾病的药。制作浓茶的植物是一种名为巴拉圭冬青的灌木。埃梅是医生和植物学家，这种"马黛茶"自然引起了他的兴趣，他认为把这种茶叶出口到欧洲会是一门不错的生意。为了有计划地种植巴拉圭冬青，他建了一个种植园，但这给他带来一场灾难。

阿根廷的邻国巴拉圭，由一名独裁者掌权，埃梅的行为让他很不满。这个独裁者想要把马黛茶的种植和销售掌握在自己手里，于是派军队摧毁了埃梅的种植园，赶走印第安人，逮捕了埃梅。

埃梅被流放到原始森林中的某个地方，长达 10 年之久。其间，他不能联系朋友和熟人，有影响力的政治家和科学家发起的国际抗议活动也帮不了他，就连亚历山大也爱莫能助。

当埃梅终于被释放后，他得到了许多回欧洲工作的机会。但他依旧钟情于南美洲。他不断投身于新的项目——在乌拉圭养羊，在巴西南部种甜橙……最终，埃梅回到了巴拉那河边，于 1858 年在那里去世——比他远在柏林的朋友亚历山大早一年，享年 85 岁。虽然经历过种种不幸，但他也算长寿了。

马黛茶

由干燥的巴拉圭冬青叶泡成的茶是在阿根廷、乌拉圭和巴拉圭都很受欢迎的国民饮品。但这种茶在世界上的其他地方几乎不为人所知。它和咖啡一样有提神作用。不过它的味道很苦。

"不论是在痛苦的生病时期，还是在处境最艰难的时候，邦普兰先生都始终保持着他勇敢、友善的性格。"

他最后定居的村庄以他的名字命名，叫邦普兰村。如今，还有其他一些地方和事物以他的名字命名：委内瑞拉的一座山、布宜诺斯艾利斯的一条街、一种墨鱼、一种兰花，甚至还有月球上的一个陨石坑。不过，这些跟用亚历山大·冯·洪堡的名字命名的事物相比就太少了。可见，就算是在埃梅度过余生的南美洲，他的名气也只能排在第二位——他还是活在享誉世界的亚历山大的光环之下。

埃梅虽然不如亚历山大成功有名，可他却在洪堡魂牵梦萦的地方——南美洲的热带原始森林中度过了一生中的 40 年。

新的冒险

迅速穿越西伯利亚

经纬仪，用于
角度测量

和所有人一样，俄罗斯帝国皇帝尼古拉一世无疑也听说了亚历山大的旅行和研究。他还知道，亚历山大年轻时做过矿井监察员，对钻石、黄金等贵重资源很了解。皇帝想利用亚历山大的知识，帮他在庞大的俄罗斯帝国里找到更多财富。财政部长告诉皇帝，有传言说，这位著名学者渴望进行新的大规模科考旅行。于是亚历山大·冯·洪堡收到了去俄罗斯帝国考察的邀请，而且费用不用他操心。

亚历山大在心里盘算这次旅行：应该从柏林出发，途经圣彼得堡和莫斯科，然后抵达遥远的西伯利亚。西伯利亚距离他心心念念的喜马拉雅山脉不太远，说不定路上还能再修改下计划呢。

于是他上路了。虽然已经快 60 岁，但他还是很健康，状态也一如既往地好。

穿越漫无边际的西伯利亚大草原是大胆的冒险行为。实际上，这次旅行跟他设想的完全不同。皇帝按照自己的喜好把一切都安排好，他派了一组随从跟着冯·洪堡男爵长

西伯利亚

广阔的西伯利亚西起乌拉尔山脉，北邻北冰洋，东接太平洋，南至蒙古和中国。流经这片广袤之地的大河有鄂毕河、勒拿河等。如今，西伯利亚地区虽有鄂木斯克和新西伯利亚这样的大都市，但其大部分地区仍是与世隔绝的荒凉之地。去西伯利亚旅行至今都算是一场冒险。

途跋涉。很快事实表明，这组人不是单纯来帮助亚历山大的，他们的主要任务其实是监督他，旅行路线也要由他们决定。

亚历山大还是像以前一样——对路边的植物和石头感兴趣；乐于与人交谈；想采集标本；想架设仪器进行测量。但在哪里停留以及参观什么，他都无权决定。监督他的人总是催他赶紧去下一个矿山。他们要求亚历山大研究出各个矿山能挖到的金属种类，以及提高开采量的方法。他想跟矿工或者穷苦农民聊天？绝不可能！这些人生活悲苦的事可不能泄露出去。

亚历山大和随从们就这样坐着马车匆匆忙忙地在西伯利亚各地辗转，夜以继日，几乎很少休息。这里没有大城市，路过偏远的小规模居民区时也不停车，俄罗斯全国遍布着许多驿站，他们会定期在驿站更换马匹。额尔齐斯河畔的托博尔斯克本来是他们旅行的最后一站，他们应在这里掉头回去，但是，亚历山大想至少探索一条亚洲的山脉。离他最近的是阿尔泰山脉，于是，亚历山大不顾皇帝的命令，带着随从继续向东走。不知道过了多久，阿尔泰山脉终于出现在地平线。此时他们已经距离柏林 5 000 多千米，快到中国了。

现在，随从再也无法阻挡洪堡。他不知疲倦地在山间穿行；他在洞里爬行；他收集石头和矿物；他晒干植物并将其分类。关于南美洲的记忆被唤醒了。他拿阿尔泰山脉跟安第斯山脉作对比——这里 4 500 米高的山峰没有钦博拉索山高大，但相同的是，他在这里也找到了罕见的动物、植物和石头。

随从们终于还是催他回去了。因为夏天即将结束，而冬天在西伯

波罗的海
乌拉尔山脉
圣彼得堡
里加
下诺夫哥罗德
莫斯科
托博尔斯克
叶卡捷琳堡
米阿斯
鄂木斯克
柯尼斯堡
（加里宁格勒）
巴尔瑙尔
柏林
黑海
奥伦堡
阿尔泰山脉
厄斯克门
巴蒂
斋桑湖
阿斯特拉罕
里海
咸海

俄罗斯帝国皇帝尼古拉一世

利亚旅行是不可能的事。这里冬天积雪非常厚，路都不通。而且，皇帝还在等他的消息。尽管如此，向西往回走时，亚历山大还是找机会绕道去了一趟里海。里海是世界上最大的内陆湖之一，亚历山大年轻时也曾梦想有朝一日能到里海去，现在梦想成真了，他可不能只是站在湖边看看，得乘船游览一番才行。游览完里海后，他们又开始坐着马车匆匆忙忙赶路。他们要回圣彼得堡，那里是皇帝宫廷的所在地。

他们在 6 个月的时间里走过了 1.5 万多千米，这有可能创造了一项世界纪录。但速度对亚历山大来说并不重要，他更喜欢慢慢地旅

1829 年洪堡的俄罗斯之旅

"我感觉自己比以往任何时候都更强大有力，更精力充沛。"

行，在路上多花些时间，要是能在旅途中多停下来几次就好了，这样的话他会有更多神奇的发现。但不管怎么说，他至少又出来看了一次世界。

这是亚历山大一生中第二次，也是最后一次大规模的探险旅行。他学到了很多新东西，也扩充了他的动植物标本收藏。此外，他还给皇帝带回了大量有用的信息。

回到柏林

从俄罗斯回到柏林之后，亚历山大认为，是时候把他所有的知识和经历整理成一本书。他将此书取名为"宇宙"，因为这本包罗万象的书对整个大自然进行了描写。

亚历山大旅行的足迹遍布欧洲、美洲和亚洲。他经历过跨越浩瀚海洋的航行，穿越过大草原，研究过原始森林，还爬过高山；他与知名科学家和政治家交谈过；他不知疲倦地采集和研究了大量植物、岩石和矿石。可以说，没有第二个人像他这样了解当时的世界。

然而，要将他广博的知识合理地编排起来并非易事。每当他处理一个主题时，他都会发现自己还缺少一些信息。亚历山大试图从其他学者那里获取这些信息。为此，他在柏林与来自世界各地的同行见面。此外，如果需要当地的信息，他还会写信去圣彼得堡、华盛顿、费城、古巴、墨西哥和委内瑞拉。几年内，他写了一两千封信，收到的回信就更多了。有时，他的老朋友埃梅·邦普兰也会从阿根廷寄来邮件，向他提供南美洲植物界的相关数据。现在，亚历山大不必再亲自远游看世界，世界会自己到柏林来，到他这里来。

就这样，编写工作进展得还算顺利。不过

亚历山大的全球信息网

亚历山大不但游遍世界，他还为自己编织了一张由学者和科学家朋友构成的全球信息网。他们为他提供信息，解答他的疑问，还和他一起讨论相关问题。托马斯·杰斐逊、西蒙·玻利瓦尔、诗人弗里德里希·席勒、数学家卡尔·弗里德里希·高斯、化学家约瑟夫·盖－吕萨克和哲学家弗里德里希·谢林都在其中。歌德甚至将亚历山大视为人生中最重要的对话伙伴。

卡尔·弗里德里希·高斯（1777—1855）：
被誉为"数学王子"的高斯对几何学做出过杰出贡献。很多数学计算公式也是他推导出来的。不仅如此，他作为天文学家还发现了一些重要的天体。高斯曾担任过哥廷根大学的教授和当地天文台的台长。

LONDON

西蒙·玻利瓦尔（1783—1830）：
有"解放者"之称的他领导了美洲大陆上西班牙殖民地的独立斗争。但他统一拉丁美洲的梦想从未实现。

卡罗琳·冯·洪堡（1766—1829）：
亚历山大的哥哥威廉的妻子，在当时可以说是一位非常独立自主的女性。她曾独自一人游遍欧洲。她常在自己位于柏林、巴黎和罗马的住所举办文学沙龙，和那个时代的大思想家们在沙龙上会面，她还跟这些思想家有书信往来。

查尔斯·达尔文（1809—1882）：
这位英国的自然科学家跟亚历山大很像，他也到世界各地旅行了很多年。不过他主要是坐船旅行。他划时代的进化论就是在旅途中发现的。进化论指出，生物多样性经历了数百万年的发展，是在生物不断适应其生存环境的过程中逐渐形成的。

PARIS

约瑟夫·盖－吕萨克（1778—1850）：
这位法国化学家和物理学家主要研究的是温度、热量和气体间的相互作用。他发现了与此相关的重要定律。他还和亚历山大一起用电和水做过实验。

约翰·沃尔夫冈·冯·歌德（1749—1832）：
歌德是最重要的德国诗人之一。除了创作伟大的诗歌、小说和戏剧作品以外，他也从事自然科学研究。不过，他的某些自然科学论点跟亚历山大的互相矛盾，并最终被证实是错误的。

弗里德里希·冯·谢林（1775—1854）：
谢林是他那个时代最重要的德国哲学家之一。他不仅关注思想问题，在自然科学问题上也花了不少心思。所以亚历山大年轻时就注意到了他。而且，亚历山大感觉自己的一生深受谢林影响。

亚历山大并没有真正地写完这本书，因为在写作过程中他总会受到一些新的启发，而且很愿意继续思考。经过 10 年的写作，他终于决定先出版《宇宙》的第一卷。此书刚一出版便大获成功，成为一本世界级畅销书，被翻译成英语、法语、西班牙语、意大利语、俄语、瑞典语、丹麦语、波兰语、匈牙利语等多国语言。

《宇宙》之所以如此成功，是因为它不是一本枯燥无味的介绍自然科学的书。读者阅读《宇宙》，就好像亲身经历一场紧张刺激的穿越地球表面的旅行。旅途中不仅能看到连绵起伏的山脉和雄伟的火山，也能看到像昆虫和钻石那样微小的自然界成员。书里还介绍了人类的历史以及人类在地球上迁徙的故事。同时，这本书也仰望宇宙，对太阳系和遥远的天体都做出了说明。

亚历山大让读者置身于一个陌生世界中，使得住在偏远乡村的人

也跟全世界有了接触。他把一切都描述得如此激动人心，以至于人们恨不得马上就出发，亲自去看看。

《宇宙》告诉我们，宇宙中的万事万物如何联系在一起。人类只是整体中的一小部分；就算只是一颗埋在土里的种子或者一只小小的昆虫，它都在亚历山大所谓的"生命之网"中扮演着重要的角色；大与小、天与地、山脉与尘埃、海洋与水滴、巨树与甲虫都是密不可分的，它们一起组成了我们的世界，我们的宇宙。

刚完成第一卷，亚历山大就立马着手第二卷的写作。他一共写完五卷，前后耗时 20 年。

1859 年 5 月 6 日，亚历山大在柏林逝世，此时他已年近 90 岁。他的葬礼上聚集了很多人，柏林已经很久没有出现过这样的人潮。他们来向这位被誉为 19 世纪最伟大的研究者和旅行者的男士表达最后的敬意。葬礼上，人们引用了他的一句话，虽然这句话有可能不是他自己说的，但完美地概括了他的思想：

"最危险的世界观就是那些从未看过世界的人所持有的世界观。"

亚历山大·冯·洪堡

Humboldt.

本书作者福尔克尔·梅内尔特生于 1951 年，曾作为自由记者和旅行作家在拉丁美洲、东欧和美国生活多年。他很早就开始循着亚历山大·冯·洪堡的足迹旅行。不论是他关于墨西哥、加利福尼亚、葡萄牙或南海的书，还是他为德国《法兰克福汇报》和《周日世界报》撰写的大量文章，它们都以旅行、文化和历史为主题。

本书插图绘者克劳迪娅·利布 1976 年生于美茵河畔的埃尔伦巴赫，曾在明斯特和汉堡应用科技大学学习通信设计。她目前生活在慕尼黑，在那里的一个工作室做插画师和图像设计师。2009 年，由她绘制插图的图书《马可·波罗游记》由格尔斯滕贝格出版社出版，她凭借此书获得了多个奖项。

在此，格尔斯滕贝格出版社要特别感谢托比亚斯·克哈夫特博士（Dr. Tobias Kraft）对本书的专业审查。他是柏林 - 勃兰登堡科学院的学术项目"旅途中的亚历山大·冯·洪堡——科学源于行动"的项目领导。

洪堡生平

（1769年9月14日—1859年5月6日）

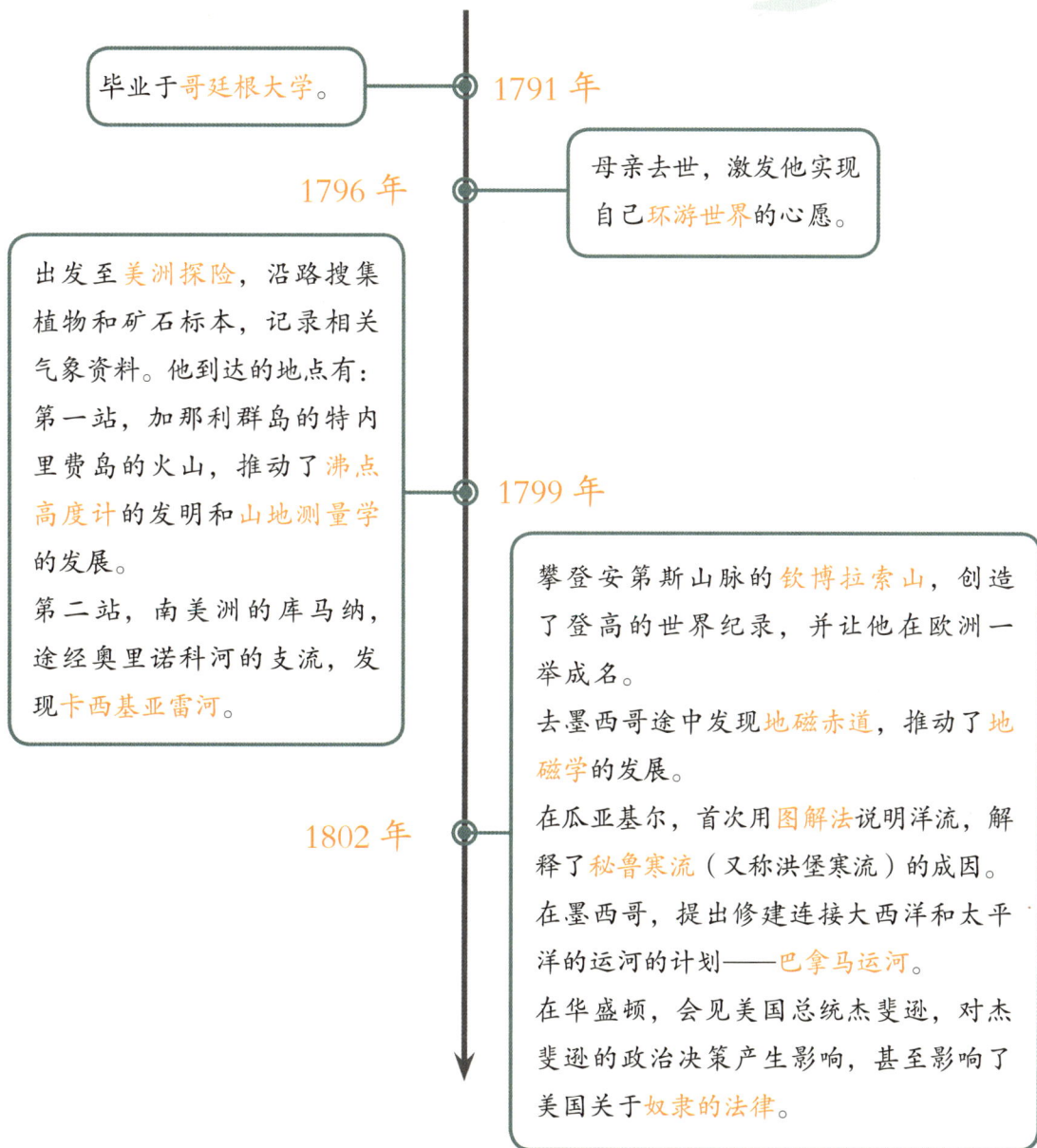

毕业于哥廷根大学。 —— 1791年

1796年 —— 母亲去世，激发他实现自己环游世界的心愿。

出发至美洲探险，沿路搜集植物和矿石标本，记录相关气象资料。他到达的地点有：
第一站，加那利群岛的特内里费岛的火山，推动了沸点高度计的发明和山地测量学的发展。
第二站，南美洲的库马纳，途经奥里诺科河的支流，发现卡西基亚雷河。

1799年

攀登安第斯山脉的钦博拉索山，创造了登高的世界纪录，并让他在欧洲一举成名。
去墨西哥途中发现地磁赤道，推动了地磁学的发展。
在瓜亚基尔，首次用图解法说明洋流，解释了秘鲁寒流（又称洪堡寒流）的成因。
在墨西哥，提出修建连接大西洋和太平洋的运河的计划——巴拿马运河。
在华盛顿，会见美国总统杰斐逊，对杰斐逊的政治决策产生影响，甚至影响了美国关于奴隶的法律。

1802年

1804 年 —— 乘船航行 23 天横贯大西洋，轰动了整个欧洲。

留居巴黎整理资料，出版了《新西班牙王国地理图集》《植物地理论文集》。 —— **1808 年**

1827 年 —— 在柏林大学举办讲座，半年内针对各种不同主题讲了 77 场。

首创等温线、等压线概念，绘出世界等温线图。在柏林科学会议上，提议世界各国建设气象台和地磁台，不久即被俄罗斯帝国和英美诸国采纳。 —— **1828 年**

应俄罗斯帝国皇帝之邀赴西伯利亚旅行，从 5 月开始到 11 月，横穿西伯利亚，行程达 15 480 千米，这次探险为《中央亚细亚》一书搜集了详备的资料。

1829 年

受外交使命奔走于普法两国之间，并致力毕生大著《宇宙》一书。 —— **1830 年至 1848 年**

在柏林去世，享年 89 岁，葬礼由皇室操办，送葬队伍囊括科学界、文化界名流，有几万市民自发上街为他送行。

1859 年

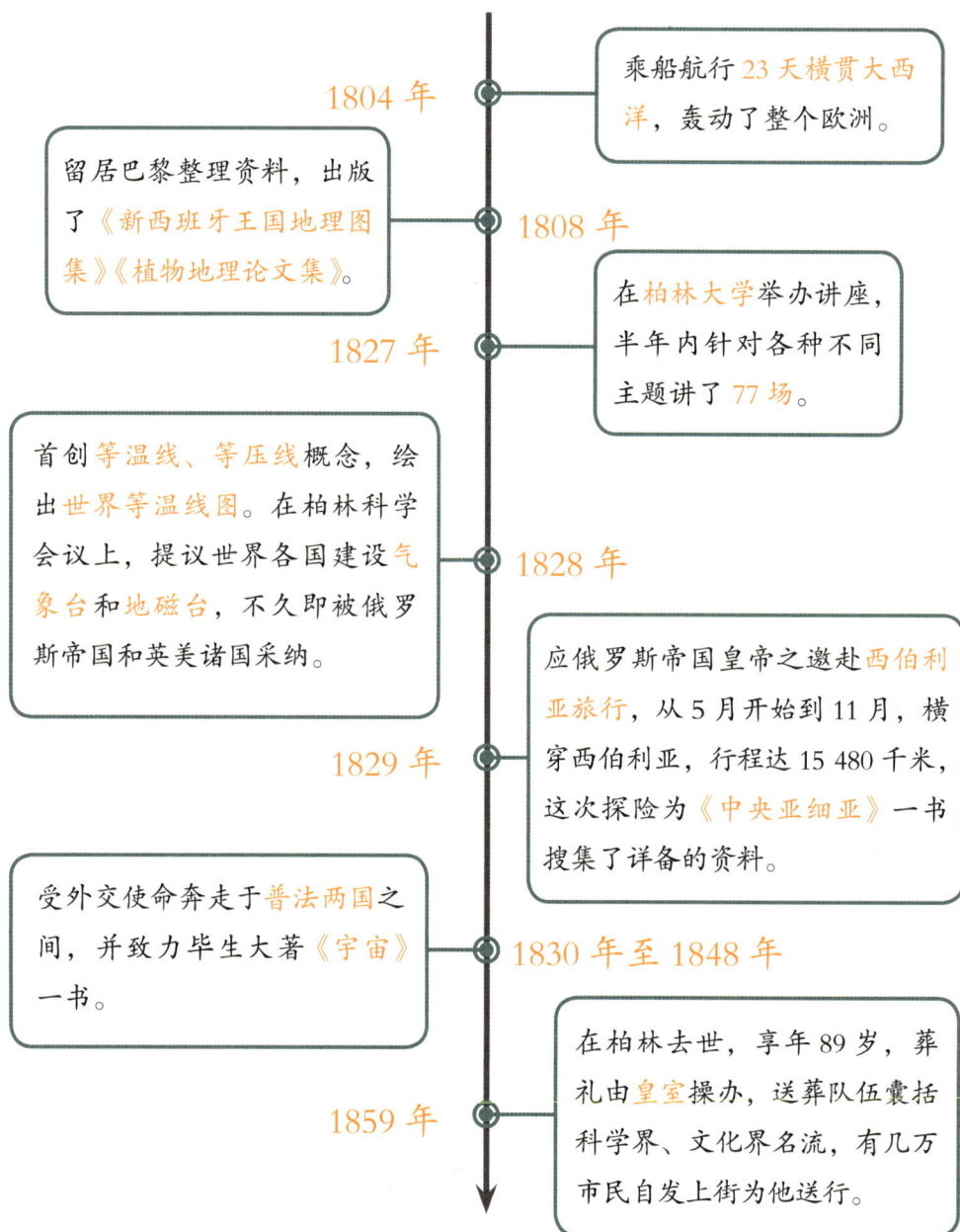